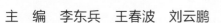

# 智能网联汽车
# 车路协同系统装调与测试

中国汽车工程学会
国家智能网联汽车创新中心　　　　组　编

U0331396

主　编　李东兵　　王春波　　刘云鹏

副主编　王　雷　　张　庆　　马建伟　　程丽群

参　编　刘助春　　彭绘鹏　　马兰兰　　雍冀慧　　王天琪　　王剑军
　　　　邹涯梅　　校振华　　王　东　　张　淙　　张　科　　马安朋

机 械 工 业 出 版 社

本书采用项目和典型工作任务的形式展开教学，内容包括 V2X 技术认知、车载终端的装调与应用、路侧设备的装调与应用、车云远程数据交互系统的应用以及高精度地图的应用。本书包括必要的理论基础知识和实用的实践内容，同时配以相应的习题，以便于学生复习、巩固所学知识，增强学习效果。

本书适合从事车路协同技术应用和智能交通研究的人员阅读参考，也可以作为职业院校智能交通技术、智能网联汽车技术等专业师生的教学用书。

为方便教学，本书配有电子课件等资源。凡选用本书作为授课教材的教师均可登录 www.cmpedu.com，以教师身份注册后免费下载，或咨询相关编辑，咨询电话：010-88379201。

**图书在版编目（CIP）数据**

智能网联汽车车路协同系统装调与测试 / 李东兵，王春波，刘云鹏主编. —北京：机械工业出版社，2023.11（2025.1重印）

ISBN 978-7-111-74083-4

Ⅰ. ①智… Ⅱ. ①李…②王…③刘… Ⅲ. ①汽车—智能通信网—关系—交通运输管理—智能系统—设备安装②汽车—智能通信网—关系—交通运输管理—智能系统—调试方法 Ⅳ. ①U463.67②U495

中国国家版本馆CIP数据核字（2023）第197154号

机械工业出版社（北京市百万庄大街22号　邮政编码100037）
策划编辑：师　哲　　　　　　　　　责任编辑：师　哲　谢熠萌
责任校对：张爱妮　丁梦卓　闫　焱　封面设计：张　静
责任印制：常天培
北京宝隆世纪印刷有限公司印刷
2025 年 1 月第 1 版第 2 次印刷
210mm×285mm · 10.75 印张 · 264 千字
标准书号：ISBN 978-7-111-74083-4
定价：48.00 元

电话服务　　　　　　　　　　网络服务
客服电话：010-88361066　机　工　官　网：www.cmpbook.com
　　　　　010-88379833　机　工　官　博：weibo.com/cmp1952
　　　　　010-68326294　金　　书　　网：www.golden-book.com
**封底无防伪标均为盗版**　机工教育服务网：www.cmpedu.com

# 智能网联汽车专业"岗课赛证"系列教材（职业教育）

# 编审委员会

前 言

Preface

2020 年 11 月，国务院办公厅印发的《新能源汽车产业发展规划（2021—2035 年）》中指出总体思路：以习近平新时代中国特色社会主义思想为指引，坚持创新、协调、绿色、开放、共享的发展理念，以深化供给侧结构性改革为主线，坚持电动化、网联化、智能化发展方向。

为满足行业对新能源汽车技术、智能网联汽车技术等领域专业人才的需求，促进高职院校智能网联汽车类专业"岗课赛证"综合育人教学改革，编者结合智能网联汽车测试装调职业技能等级证书、全国职业院校技能大赛智能网联汽车技术赛项的要求编写了本书。本书的主要特色如下：

1）聚焦"岗课赛证"综合育人理念，对课程的知识点、技能点、项目资源进行重构设计，将项目评价、职业技能等级证书评价、全国职业院校技能大赛评价融入课程教学考核评价体系，注重实用性、体现先进性、保证科学性、凸显职业性、贯穿可操作性。

2）将文化教育与素质教育相融合，以专业人才培养目标为依据，以所在专业能力结构为主线，贯彻落实党的二十大精神，发挥铸魂育人实效。文字简洁、通俗易懂、图文并茂、形象直观，在培养学生专业能力的同时，关注学生身心的健康发展，坚定学生的理想信念，加强职业道德与爱国主义的教育，激发学生的家国情怀和使命担当，培养学生的工匠精神，培养适合新时代发展需要的高素质人才。

3）本书为校企合作开发教材，立足先进的职业教育理念，紧跟智能网联汽车产业的发展步伐，反映产业升级和行业发展需求，体现新知识、新技术、新工艺、新方法、新材料。

本书由中国汽车工程学会、国家智能网联汽车创新中心组织编写，李东兵、王春波、刘云鹏主编，王雷、张庆、马建伟、程丽群副主编，刘助春、彭绘鹏、马兰兰、雍冀慧、王天琪、王剑军、邹涯梅、校振华、王东、张淙、张科、马安朋参编。

由于编者水平有限，书中不妥之处在所难免，敬请广大读者批评指正。

编 者

# 目 录
## Contents

# 项目一
# V2X技术认知

## 项目引言

　　随着生产力的发展和人民生活水平的提高，汽车的数量在不断地增长，废气污染、噪声污染、能源损耗等不断增加，这对我们的环境造成了极大的威胁，同时，车辆的增多也带来了更多的交通安全事故。为了提高交通效率、实现节能减排、降低交通事故发生率，基于V2X的车路协同技术应运而生。V2X的车路协同技术通过车与人、车与车、车与路、车与网络之间的通信，实现车辆之间的协同控制，合理地解决了生产发展与环境保护之间的关系。

　　V2X技术是汽车走向智能化的重要技术支撑，是自动驾驶的关键推动因素，是未来智能交通运输系统的领航技术，能大幅度降低道路交通事故发生率、提高交通效率、实现节能减排，在全球呈现出加速发展趋势，在国内也进展迅速，已从技术原理阶段进入商业化应用阶段。车联网通过整合全球定位系统（GPS）导航技术、车与车通信技术、无线通信及远程感应技术等，从而实现手动驾驶和自动驾驶的兼容。

# 任务一　V2X技术概况认知

## ✅ ｜任务导入

刘某是一家智能网联汽车科技公司技术人员，公司安排她陪同客户参观刚刚建成的车路协同试验基地，参观过程中客户想了解该试验基地的 V2X 技术及主要硬件设备。如果你是刘某，你会怎样介绍？

## 🖥 ｜任务分析

完成本次任务，首先要对车路协同技术有一定的认知，通过对"任务资讯"的学习，达到如下所列的知识目标、技能目标和素养目标的要求。

| 知识目标 | 1. 掌握 V2X 的基本定义。<br>2. 认知 V2X 的主要设备。 |
| --- | --- |
| 技能目标 | 1. 具有描述 V2X 通信模式的能力。<br>2. 具有描述 V2X 常见功能的能力。 |
| 素养目标 | 1. 培养学生的综合学习能力。<br>2. 培养学生思维构建能力。 |

## 🔊 ｜任务资讯

### 一、V2X的基本定义

V2X（Vehicle to Everything）指的是车与万物进行互联，属于物联网的范畴，是车与车、车与人、车与交通设施、车与网络进行信息交换的一种技术。简单地讲，V2X 就是将车辆与一切事物相连接的新一代信息通信技术。其中，V 代表车辆，X 代表任何与车辆交互信息的对象。当前 X 主要包含车、人、交通路侧基础设施和网络。V2X 主要通信模式有 V2N（车辆与网络 / 云）、V2V（车辆与车辆）、V2I（车辆与路侧基础设施）和 V2P（车辆与行人）之间的交互四大类，如图 1-1 所示。

### 二、V2X的常见功能

为了提升交通系统的安全性和智能化，智能交通系统的概念正逐渐兴起。近年来，智能交通系统的开发，主要集中在智能公路交通系统领域，即车联网。在城市街路等环境下，V2X 也涵盖了汽车和其他交通参与者的信息交换。图 1-2 所示为基于 V2X 技术的智能公路交通系统。在图中可以看到，交叉路口的车辆与车辆之间（V2V）、车辆与路侧基础设施之间（V2I）、车辆与行人之间（V2P），均实现了通信互联。

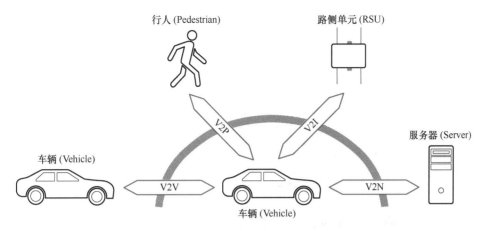

图 1-1　V2X 的四种主要通信模式

图 1-2　基于 V2X 技术的智能公路交通系统

1. 降低交通事故发生率

V2X 技术能够让车辆、信号灯、交通标识、骑行者和行人的通信设备实现互联，使驾驶人准确、及时地获取前方道路信息状况，提升车辆在视线盲区的感知力，从而降低碰撞风险。根据美国交通部提供的数据，V2V 技术可帮助预防 80% 各类交通事故的发生。下面举几个例子来说明。

（1）避免与弯道盲区处的车辆碰撞　道路前方弯道处停有一辆"抛锚"的汽车（图 1-3），由于正好处于弯道位置，因此汽车安装的摄像头、雷达等传感器无法检测到，但对于搭载 V2X 功能的汽车而言，事故率将明显降低。这是因为 V2X 通过通信网络共享信息，具有"眼观六路、耳听八方"的能力，此时汽车显示屏上会提示前方有车辆，并开始减速和转向，安全通过。

（2）避免与直道盲区的车辆碰撞　车辆视线被前方的货车挡住（图 1-4），对面正驶来一辆汽车，此时要超车，是非常危险的。当驾驶人刚打左转向灯准备超车时，V2X 通过显示屏立即提示，前方有来车，不能超车（图 1-5），直到危险解除后，显示屏提示信息才消除，从

而保护车辆顺利超车，安全通过。

图 1-3　车辆存在与弯道处"抛锚"车辆碰撞的危险

图 1-4　车辆视线被前方货车挡住

图 1-5　V2X 通过显示屏立即提示前方有来车

（3）避免与交叉路口盲区车辆碰撞　有些交叉路口环境复杂，建筑物阻挡驾驶人的视线，极易发生交通事故。在图 1-6 中，一辆小轿车准备通过一个没有信号灯的交叉路口，高楼挡住了驾驶人视线，无法看到其左侧垂直道路上的车辆。此时一辆执行公务的警车正在向交叉路口驶来，由于两辆车都搭载了 V2X 技术，具备短程通信功能，小轿车及时得到提示信息，等警车过去后再安全通过交叉路口。

2. 提高交通效率

（1）高效通过复杂交叉路口　一个没有交通信号灯的十字交叉路口，建筑物和绿色植物林立，阻挡了驾驶人的视线（图 1-7）。在传统汽车时代，车辆只能缓慢行驶通过路口，交通效率会降低，可能会造成拥堵，排放也会增加。如果所有车辆都搭载V2X技术，主车（Host Vehicle，HV）和其他车辆、交通管理系统、非机动车可以实现通信交互，了解彼此相对位置和状态，等于互相"开了定位"，如图1-8所示。这样，车辆就可以根据当前车流状况，自动选择合适的车速，安全通过交叉路口，大大提高道路交通效率。

图 1-6 车辆处于交叉路口盲区

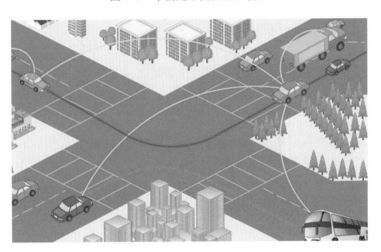

图 1-7 应用 V2X 技术提高道路交通效率

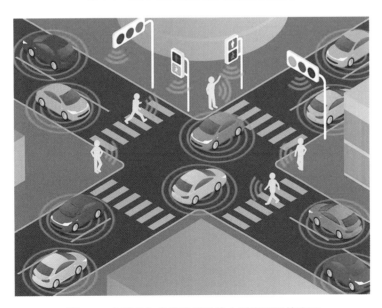

图 1-8 交通参与者及道路设施之间实现通信交互

（2）减少等待红灯时间　搭载 V2X 的车辆能通过绿波车速引导标识，根据前方路口的红灯剩余时间，通过语音提醒驾驶人在条件允许的情况下，按照推荐速度区间行驶直接通过路口，减少等待红灯时间，这样既降低了油耗，又提升了整体交通效率。

（3）缓解交通拥堵　搭载 V2X 技术的车辆能够从云端获得拥堵信息，或感知前方路况的变化，从而提前避开拥堵路段。

### 3. 实现节能减排

前文提到，V2X 技术可以提高交通效率，有效缩短车辆行驶时间，从而缓解交通拥堵，这些都对节能减排帮助很大。另外，V2X 技术更适合在新能源汽车上应用，这会推动新能源汽车快速发展，从而进一步减少汽车尾气排放。

### 4. 其他常见功能

（1）闯红灯预警功能　车辆能接收前方信号灯的状态和剩余时间信息，并结合自身车速、位置等信息做出判断，通过屏幕演示和语音更准确地向驾驶人推送预警信息，避免闯红灯风险。

（2）行人碰撞预警功能　除了交通信号灯实时联网，路侧高处的摄像头也实时联网，这样可以将行驶路线中存在的行人提前告知驾驶人，让驾驶人提前做出判断，减少碰撞发生的可能。

（3）紧急制动预警和侧向来车预警功能　当行驶路径上前方有车辆需要进行紧急制动，或驾驶人视野盲区外有车辆时，车辆都会进行预警提醒。

## 三、V2X主要设备简介

V2X 的主要设备包含车载单元（On Board Unit，OBU）、路侧单元（Road Side Unit，RSU）、激光雷达、智能信号灯、智能摄像头、边缘计算单元等。车载单元（OBU）安装在车上，属于车载终端，将在后续内容中介绍。本任务只介绍路侧设备，图 1-9 所示为 V2X 路侧设备架构示意图。图 1-10 所示为路侧单元（RSU）、激光雷达、智能摄像头、信号灯等路侧设备的实物安装图。

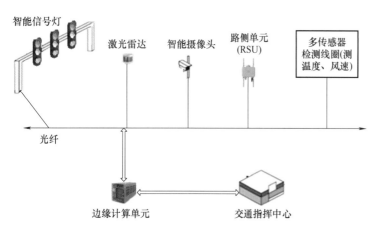

图 1-9　V2X 路侧设备架构示意图

图 1-10　V2X 路侧设备的实物安装图

### 1. 路侧单元

路侧单元（RSU）是 V2X 的重要组成部分，也是突破车路协同技术的关键所在，其主要功能是实时采集道路状况、交通状况等信息，通过通信网络，将信息传递至指挥中心及搭载 V2X 技术的车辆。图 1-11 所示为海康智联智能路侧单元（RSU）实物图。

### 2. 激光雷达

激光雷达作为"人工智能之眼"，是 V2X 路侧感知设备的核心部件。它可获得目标的距离、方位、高度、速度、姿态甚至形状等信息，从而对机动车、行人等目标进行探测、识别、跟踪。图 1-12 所示为激光雷达示意图。

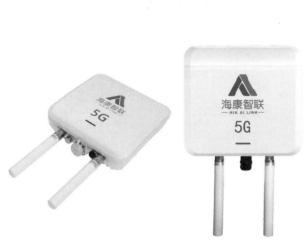

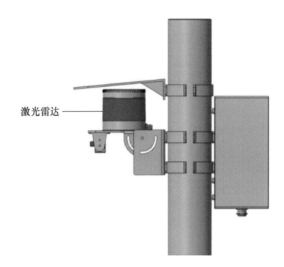

激光雷达

图 1-11　海康智联智能路侧单元（RSU）实物图　　图 1-12　激光雷达示意图

### 3. 智能信号灯

智能信号灯是实现车辆与交通信号网联通信的设备。常见的路口信号灯通过红绿灯的控制，在时间上分离车流。而面向车路协同的路口信号灯，既是路口所有交通设备设施采集信息的汇集点，又是交通信息发布的决策点。它集交通感知、信号控制、网联通信、数据交换于一体，可以将信号配时相位、红绿灯时长、排队长度等信息传递到车内，同时获取车联网云控平台的实时车辆信息，从而实现信号灯的智能控制，由普通的信号控制终端设备变成路侧的前端智能化节点，能更好地支撑车路协同的相应功能。

### 4. 智能摄像头

智能摄像头除具备实时拍摄高清图片并进行图像数据传输的基本功能外，还可获取各方向车流量、排队长度等信息，是 V2X 必不可少的装置。图 1-13 所示为智能摄像头实物图。

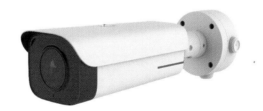

图 1-13　智能摄像头实物图

### 5. 边缘计算单元

图 1-14 所示为海康智联边缘计算终端实物图，该边缘计算单元具有计算性能超强、存储容量大、配置灵活、体积小、支持温度范围宽、环境适应性强、易于维护管理等特点。V2X 可以通过车辆边缘计算节点与道路侧边缘计算节点之间的交互，对车辆密度、速度等进行感知，从而引导道路上的车辆规避拥堵路段，实现交通的高效调度。

## 四、V2X在自动驾驶领域的意义

### 1. V2X 是自动驾驶的关键技术

1）V2X 是自动驾驶的关键技术之一，可大幅降低未来自动驾驶和车联网部署成本。它被视为一种无线传感器系统的解决方案，允许车辆通过通信信道彼此共享信息，可检测隐藏的威胁，扩大自动驾驶感知范围，进一步提升自动驾驶的安全性、效率和舒适性。图 1-15 所示为基于 V2X 的自动驾驶技术（车与人、车、路、云、后台等的互联）。图中 V2H 是指车辆与家（Vehicle to Home），V2C 是指车辆与云（Vehicle to Cloud），V2B 是指车辆与建筑物（Vehicle to Building）。

图 1-14　海康智联边缘计算终端实物图

2）目前自动驾驶行业以单车智能及辅助驾驶为主，尚无法完全脱离人类主导。从技术角度来看，弱人工智能阶段，自动驾驶对复杂多变的道路交通、生命体意识行为的判断仍较为低效和困难。V2X 是自动驾驶加速剂，能够有效补充单车智能的信息盲点，推动了自动驾驶的发展。

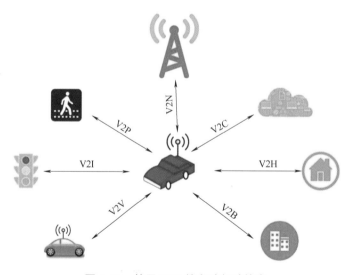

图 1-15　基于 V2X 的自动驾驶技术

### 2. V2X 与自动驾驶之间的关系

1）自动驾驶技术的核心是车，不搭载 V2X 技术，仅靠单车智能也能实现自动驾驶；但没有 V2X 技术，无法真正地实现全场景自动驾驶。

2）当前的谷歌、特斯拉、Mobileye 自动驾驶系统，基于传感器、雷达和摄像头的各种信息输入，通过人工智能技术决策，单车本身在一定程度上即可以自动驾驶。但是单车本身也有很大的局限性，在夜晚、雨雪天、雾天等恶劣天气或环境下，在交叉路口、转弯处等场景，雷达、摄像头"看不见、看不清、看不准"，这就需要 V2X 技术提供远超出当前传感器感知范围的信息。

3）本质上可以把V2X视为一个感知范围更长、更远的"传感器"，它通过和周边车辆、道路、基础设施的通信，能获取比单车更多的信息，大大增强了对周围环境的感知。

3. V2X与自动驾驶的通信逻辑

1）V2X与自动驾驶系统不交互决策信息，决策主体是自动驾驶汽车本身。原因是车主不希望将自己的安危交给其他车辆决策。周边车辆的指令信息，不会被本车直接采纳，只是提供给本车作为参考，此类信息必须和本车传感器采集的信息对比后才会被采纳或拒绝。

2）V2X与自动驾驶汽车传递的是周边车辆和交通环境信息。例如在超车等场景下需要周边车辆共享位置和车速信息，变道等场景下需要和周边车辆共享驾驶操作状态。本质上无论哪种应用场景，需要V2X传递的信息其实就是传感器信息共享和周边车辆驾驶操作状态信息共享这两种。

4. 自动驾驶需要的V2X通信模式

（1）V2V是车企的首选　　自动驾驶的基本要求是V2V通信必须随处可用，包括没有网络覆盖的环境。

（2）V2N同样不可或缺　　完全没有网络辅助的V2V，在拥塞、干扰管理和覆盖上有很多的问题。比较可行的解决方案是在提供V2V通信的同时，由蜂窝网络提供辅助，通过V2N通信保障自动驾驶通信的稳定性。V2N同时可以用于地图更新、交通管理以及提供一定距离以外的路况环境等信息。随着5G的到来，V2N的能力会进一步加强，更有助于自动驾驶信息的获取与传输。

## 五、5G-V2X的自动驾驶新趋势

1. 5G将加速V2X技术落地

5G技术可以提供低时延、高可靠性的网络基础，目前已经逐渐被一些城市应用到车路协同的场景当中。5G与4G相比，优势在于更高速率、更低时延、更大容量等。

2. 5G优势贴合自动驾驶需要

智能汽车的每个部件都会产生数据，一辆车每秒产生的数据可达1GB，这就需要在1秒内将1GB数据同步传输到云端，以便实时掌握车辆运行状态，同时需要瞬间进行大量的数据处理，以便及时做出决策。因此5G性能上的优越性使得V2X成为可能。

3. 5G会成为自动驾驶关键技术

在5G-V2X之前还有LTE-V2X，从LTE-V2X到5G-V2X的平滑演进被称为C-V2X。它基于强大的3GPP（第三代合作伙伴计划）生态系统和连续完善的蜂窝网络覆盖，可大幅降低未来自动驾驶和车联网部署成本。

【情智课堂】

本任务我们通过学习，对V2X技术的定义、路侧设备以及通信模式等都有了较为清晰的认知。目前应用较为成熟的路侧单元（RSU）以及高清摄像头等硬件设备都是由我国企业自主设计、生产的。近些年来，随着智能网联汽车技术、自动驾驶技术的不断发展，我国企业展现了超强的技术创新能力和制造水平，逐渐实现了自主化、国产化，这都离不开我们国家一批批的科研工作者的努力和汗水，他们这种"强国有我"的敬业精神以及爱国情怀是我们学习的榜样。

## 🖳 | 任务准备

### 一、工具设备介绍

| 子任务模块 | 设备及工具 |
|---|---|
| V2X 路侧设备模拟识别 | 车路协同仿真教学软件 |
| V2X 路侧设备实物识别 | 路侧单元（RSU）、激光雷达、智能信号灯、智能摄像头、边缘计算单元等设备 |

### 二、实操预演

步骤一：正确安装虚拟仿真软件。

步骤二：通过仿真软件，识别软件中的路侧设备。

步骤三：识别路侧设备的实物。

## ✅ | 任务实施

能够识别路侧单元（RSU）、激光雷达、智能信号灯、智能摄像头、边缘计算单元等路侧设备，加深对路侧设备的感性认识。如果有 V2X 主要设备实训室或车路协同试验基地，且实训设备充足，可直接进行基于实物的实训。如果不具备基于实物的实训条件，可应用车路协同仿真教学软件开展实训。

### 一、前期准备

1）准备好学生实训的计算机、软件安装包或链接。

2）准备好学生实训的路侧硬件设备。

### 二、实操演练

识别 V2X 路侧设备

| 实施步骤 | 使用工具 | 图示 | 操作要点 |
|---|---|---|---|
| 1. 识别 RSU | 路侧设备实物 |  | 依据路侧设备外观特点和技术参数，依次识别路侧设备实物 |

（续）

| 实施步骤 | 使用工具 | 图示 | 操作要点 |
|---|---|---|---|
| 2. 识别激光雷达 | 路侧设备实物 |  | 依据路侧设备外观特点和技术参数，依次识别路侧设备实物 |
| 3. 识别智能信号灯 | | | |
| 4. 识别智能摄像头 | | | |
| 5. 识别边缘计算单元 | | | |

检测评价

识别 V2X 路侧设备实操评分表

学生姓名：_____　　学生学号：_____　　操作用时：_____分钟

| 序号 | 作业内容 | 配分 | 作业项目 | 分值 | 扣分 | 备注 |
|---|---|---|---|---|---|---|
| 1 | 开启计算机，打开车路协同虚拟仿真软件 | 30 | □开启计算机电源，打开计算机 | 10 | | |
| | | | □正确安装车路协同虚拟仿真软件 | 10 | | |
| | | | □找到虚拟仿真软件图标，单击打开，进入系统 | 10 | | |
| 2 | 在虚拟仿真软件中识别路侧设备 | 50 | □正确识别 RSU | 10 | | 若有未完成的项目，根据情况酌情扣分 |
| | | | □正确识别激光雷达 | 10 | | |
| | | | □正确识别智能信号灯 | 10 | | |
| | | | □正确识别智能摄像头 | 10 | | |
| | | | □正确识别边缘计算单元 | 10 | | |
| 3 | 关闭虚拟仿真软件和计算机 | 20 | □关闭虚拟仿真软件 | 10 | | 若未操作，现场考评员提醒并扣除对应项目分值 |
| | | | □关闭计算机后拔下计算机电源插头 | 10 | | |
| | 合　计 | | | 100 | | |

考核成绩：_____　　　　教师签字：_____

任务小结

　　本任务内容主要是对 V2X 技术的相关概念、通信模式和硬件设备等进行了介绍，同时还介绍了 5G 技术、自动驾驶技术与 V2X 技术之间的关系和融合应用。本任务主要内容思维导图如图 1-16 所示。

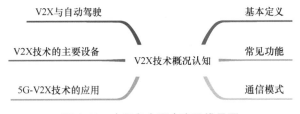

图 1-16　本任务主要内容思维导图

任务工单

学生姓名：_____　　　组别：_____　　　实训日期：_____

**一、任务描述**

　　作为一名车路协同试验基地相关设备安装调试技术员，在进行作业前需要了解 V2X 主要通信模式，并能够识别每一个试验设备，你能完成此任务吗？

## 二、任务准备

1. 实训准备

1) V2X 路侧设备模拟识别实训　车路协同虚拟仿真实训室一间；计算机 50 台；车路协同虚拟仿真教学系统一套；每台计算机事先安装虚拟仿真教学系统并调试。

2) V2X 路侧设备实物识别实训　车路协同路侧设备安装调试理实一体教室一间；路侧单元、激光雷达、智能信号灯、智能摄像头、边缘计算单元等设备 4~8 套、工作台 4~8 个；将全班学生分成 4~8 个小组。

2. 知识准备

1) 选择题。

① V2I 中的 I 代表的是车与（　　　）之间的通信。

A. 车　　　　　　　　B. 路　　　　　　　　C. 人　　　　　　　　D. 网络

② 下列（　　　）是路侧单元的英文缩写。

A. ECU　　　　　　　B. V2X　　　　　　　C. RSU　　　　　　　D. OBU

③ V2X 中的 V 代表的是（　　　）。

A. 车　　　　　　　　B. 路　　　　　　　　C. 人　　　　　　　　D. 网络

2) 判断题。

① 只靠单车智能就能实现全场景的自动驾驶。　　　　　　　　　　　（　　　）

② RSU 不属于 V2X 技术中应用的硬件设备。　　　　　　　　　　　（　　　）

③ 边缘计算单元不具备计算能力。　　　　　　　　　　　　　　　　（　　　）

3) 填写 V2X 各通信模式的含义。

① V2N（　　　　　　　　　　）；② V2V（　　　　　　　　　　）；③ V2I（　　　　　　　　　　）；

④ V2P（　　　　　　　　　　）。

## 三、任务要求

先完成虚拟仿真模拟实训并进行模拟考试，再完成实物实训；能够准确识别虚拟仿真软件中和实训现场的每一个路侧设备。

## 四、任务实施

1) 完成 V2X 路侧设备识别模拟实训，将实训步骤写在下面：

_____

_____

2) 分组完成 V2X 路侧设备实物识别实训，每小组将实训步骤写在下面：

_____

_____

## 五、任务总结

请你总结此次任务中有哪些收获？有哪些地方需要进行自我改进？

1) 主要收获：_____

_____

2) 自我改进：_____

_____

## 六、任务评价

| 评分项目 | 知识能力<br>（25分） | 实践能力<br>（25分） | 职业素养<br>（25分） | 工作规范6S<br>（25分） | 总评 |
|---|---|---|---|---|---|
| 自我评定 | | | | | |
| 小组评定 | | | | | |
| 教师评定 | | | | | |
| 合计得分 | | | | | |

# 任务二　V2X技术路线认知

## ✓ ｜任务导入

北京某智能网联汽车科技公司人事经理来学校招聘技术员，张丽作为应届毕业生前去应聘，人事经理让她简要介绍一下 V2X 技术路线，并简单描述一下 DSRC 技术和 LTE-V2X 技术，她该怎样描述呢？

## 🖥 ｜任务分析

通过对"任务资讯"的学习，达到如下所列的知识目标、技能目标和素养目标的要求。

| 知识目标 | 1. 能简述 V2X 技术动态。<br>2. 能描述 DSRC 技术。 |
|---|---|
| 技能目标 | 1. 具有描述 LTE-V2X 技术的能力。<br>2. 具有描述 LTE-V2X 技术优势的能力。<br>3. 具有描述 C-V2X 技术的能力。 |
| 素养目标 | 1. 培养学生的综合学习能力。<br>2. 培养学生思维构建能力。 |

## 🔊 ｜任务资讯

### 一、V2X技术动态

V2X 目前有 DSRC 与 LTE-V2X 两大技术路线，前者是基础深厚的先行者，后者是后来居上的挑战者。DSRC 技术和 LTE-V2X 技术很好区分，可以把 DSRC 技术类比为在家用 Wi-Fi 上网，LTE-V2X 技术类比为在外面用数据流量上网。DSRC 发展较早，目前已属于非常成熟的技术，不过 LTE 技术已横空出世，并得到应用推广，未来在智能网联汽车领域也将有广阔的市场空间。

## 二、抢占先机的DSRC技术

专用短程通信（Dedicated Short Range Communications，DSRC）是一种高效的无线通信技术，负责在 V2V 之间以及 V2I 之间建立信息的双向传输（图 1-17），支持公共安全和私有操作。DSRC 能够提供高速的数据传输，并且能保证通信链路的低时延和系统的可靠性，是国际上专门开发适用于车辆通信的技术。

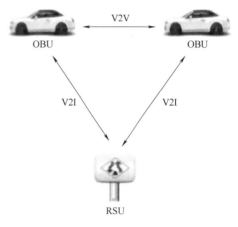

图 1-17  DSRC 技术应用示意图

### 1. DSRC 技术的优势

DSRC 能提供高速的数据传输，并保证通信链路的低时延和低干扰。以 WAVE/DSRC 为例，它的优势是低时延、远传输距离（相对其他 DSRC 技术）、相对高的带宽。其中最重要的是低时延，在汽车的使用环境下，如果信息不能及时传递，传递的信息也就失去了意义。

### 2. DSRC 技术的硬件设备

1）DSRC 要求车辆安装车载单元（OBU），道路基础设施安装路侧单元（RSU）。图 1-18 所示为车载单元（OBU）实物图。

2）智能网联汽车通过直接与 RSU 或周边车辆通信（图 1-19）实现与道路基础设施或另一辆智能网联汽车连接，不需要任何附加的基础设施（如基站或中继站），从而将通信延迟降至最低，这对自动驾驶汽车的安全行驶尤为重要。

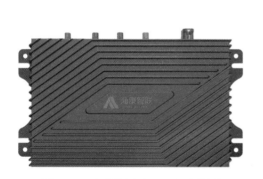

图 1-18  车载单元（OBU）实物图

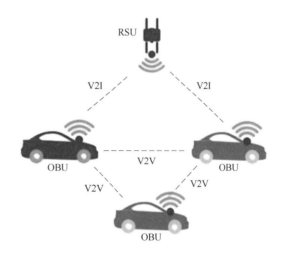

图 1-19  DSRC 在 V2V 之间以及 V2I 之间建立的通信连接

### 3. DSRC 技术标准

1）DSRC 技术标准由电气和电子工程师学会（IEEE）基于 Wi-Fi 制订，并且获得通用、丰田、雷诺、恩智浦、AutoTalks 和 Kapsch TrafficCom 等公司支持。通用已经有量产车凯迪拉克 CTS 搭载 DSRC（由 Aptiv 公司提供系统，AutoTalks 公司提供模块，恩智浦公司提供芯片）。丰田公司则在 2015 年就开始销售应用 DSRC 技术的车型，销量已经超过 10 万辆（电装公司提供系统，瑞萨公司提供芯片）。

2）DSRC 标准化流程可以追溯至 2004 年，主要基于三套标准：第一个标准是 IEEE

802.11p，它定义了汽车相关的专用短程通信（DSRC）物理标准；第二个是 IEEE 1609，标题为"车载环境无线接入标准系列（WAVE）"，定义了网络架构和流程；第三个是 SAE J735 和 SAE J2945，定义了消息包中携带的信息，该数据将包括来自汽车上的传感器信息，例如位置、行进方向、速度和制动信息。

4. DSRC 技术典型应用

DSRC 技术广泛地应用在电子不停车收费（ETC）、出入控制、车队管理、信息服务等领域，并在车辆识别、驾驶人识别、路网与车辆之间信息交互、车载自组网等方面具备优势。电子不停车收费（Electronic Toll Collection，ETC）是 DSRC 技术最典型的应用，下面进行简单介绍。

（1）什么是 ETC 技术　ETC 指的是电子不停车收费，是目前世界上最先进的路桥收费方式。在 ETC 系统中，OBU 采用 DSRC 技术，建立与 RSU 之间的微波专用短程通信，在车辆行进途中，同时在不停车的情况下，实现车辆身份识别，并进行电子扣费。ETC 系统是通过安装在车辆风窗玻璃上的车载单元（OBU），使车辆与安装在收费站 ETC 车道上的路侧单元（RSU）之间进行通信，利用计算机联网技术与银行进行后台结算，达到车辆通过路桥收费站不需要停车就能交纳路桥费的目的，提高通行效率。ETC 系统的组成如图 1-20 所示。

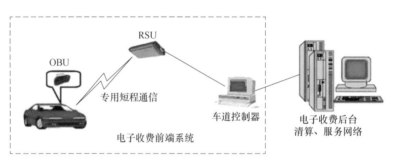

图 1-20　ETC 系统的组成

（2）OBU 设备简介　ETC 车载单元（OBU）设备实物图如图 1-21 所示，OBU 设备大小如同香烟盒，位置一般都放在中央后视镜底座附近的前风窗玻璃上（图 1-22），它采用太阳能供电而不需要外接电源，固定方式是使用 OBU 设备自带的双面胶。ETC 卡与车牌相互关联，实行一车一卡管理，车主不得擅自拆卸 OBU 设备到其他车辆使用。

图 1-21　ETC 车载单元（OBU）设备实物图　　　图 1-22　车载单元（OBU）的安装位置

（3）ETC 的频段　国际上正趋于将 5.8GHz 的系统作为标准 ETC 系统使用。如美国采用

900MHz 或 5.8GHz，日本和欧洲均规定 5.8GHz 作为 ETC 的频段。我国 ISO/TC 204 技术委员会已提出将 5.8GHz 频段分配给智能交通系统（Intelligent Transport System，ITS）领域的短程通信，包括 ETC 系统，并批准在 5.8GHz 频段上进行 ETC 系统的试验，通信距离为 10m。采用 5.8GHz 微波波段与我国 ISID 工业用波段一致，不受移动通信影响。目前国内使用的 ETC 系统频段多为 900MHz 和 2.5GHz 频段。

## 三、后来居上的LTE-V2X技术

### 1. LTE 技术简介

长期演进技术（Long Term Evolution，LTE）是应用于手机及数据卡终端的高速无线通信标准，该标准基于旧有的 GSM/EDGE 和 UMTS/HSPA 网络技术，并使用调制技术提升网络容量及速度。该标准由 3GPP（第三代合作伙伴计划）于 2008 年第四季度在 Release 8 版本中首次提出，并在 Release 9 版本中进行少许改良。

### 2. LTE-V2X 技术概况

（1）LTE-V2X 定义及通信模式　长期演进的 V2X 技术（Long Term Evolution V2X，LTE-V2X），即融合 4G-LTE 网络的车辆通信 V2X 技术，包含通过 PC5（短距离直接通信）接口点对点（D2D）通信和通过 Uu（终端和基站之间的通信）接口与网络通信。其中，车 - 车（V2V）通信、车 - 基础设施（V2I）通信、车 - 人（V2P）通信，均通过 PC5 模式实现，如图 1-23a 所示；车 - 网络（V2N）通信通过 Uu 模式实现，如图 1-23b 所示。图中的 eNB 指的是 4G 基站。

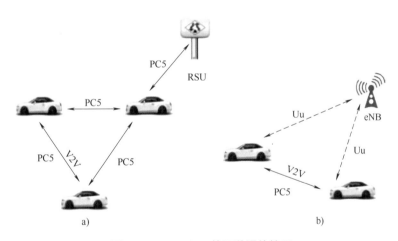

图 1-23　LTE-V2X 的两种通信接口

（2）PC5 接口简介　PC5 接口指的是直连通信接口，用于车、人、路之间的短距离直接通信，无论是否有网络覆盖，均可以采用 PC5 接口进行 V2X 通信。

（3）Uu 接口简介　Uu 接口指的是蜂窝通信接口，可实现长距离和更大范围的可靠通信，主要用于终端和基站之间的通信，即用户设备（UE）和网络（N）之间的信息交互。当支持 LTE-V2X 的终端设备（如车载终端、智能手机、路侧单元等）处于蜂窝网络覆盖范围内时，可在蜂窝网络的控制下使用 Uu 接口。

### 3. LTE-V2X 技术的优势

作为面向车路协同的通信综合解决方案，LTE-V2X 技术能够在高速移动环境中提供低时延、高可靠性、高速率、高安全性的通信能力，满足车联网多种应用的需求，并且基于

TD-LTE 通信技术，能够最大限度利用 TD-LTE 已部署网络及终端芯片平台等资源，节省网络投资，降低芯片成本。分时长期演进（Time Division Long Term Evolution，TD-LTE）由 3GPP（第三代合作伙伴计划）组织涵盖的全球各大企业及运营商共同制订。

#### 4. LTE-V2X 的两种工作模式

LTE-V2X 是基于 4G 技术实现 V2X 通信，以 LTE 蜂窝网络为 V2X 基础的车联网专有协议，包括集中式（LTE-V-Cell）和分布式（LTE-V-Direct）两种工作模式，如图 1-24 所示。

（1）集中式工作模式　集中式也称为蜂窝式，需要基站作为控制中心（图 1-24），是车辆与 RSU、基站的通信方式，可以借助已有的蜂窝网络，支持大带宽、大覆盖通信，满足车辆远程控制与远程读取信息（Telematics）应用需求。

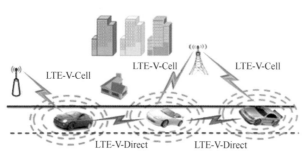

（2）分布式工作模式　分布式也称为直通式，无须基站作为支撑，也被称为 LTE-Direct（LTE-D）及 LTE-D2D（Device-to-Device）。分布式是车辆之间的通信方式（图 1-24），可以独立于蜂窝网络，实现车辆与周边环境节点低时延、高可靠性的直接通信，满足行车安全需求。LTE-V-Direct 具备能寻找 500m 内数以千计装置以及服务的能力，

图 1-24　LTE-V2X 的两种工作模式示意图

能让两个以上最接近的 LTE-V-Direct 装置在网内通信。

### 四、DSRC与LTE-V2X对比

#### 1. 建设成本对比

DSRC 技术类似于 Wi-Fi，基于 IEEE 802.11p 的 DSRC 技术的组网需要新建大量路侧单元（RSU）。这种类基站设备的新建成本较高，其硬件产品成本也比较高昂。LTE-V2X 技术基于移动通信技术，相对改造成本较低，蜂窝网络已覆盖世界各地，包括乡村道路和省级高速公路，能够重复利用现有的基础设施和工作频段。

#### 2. 覆盖距离对比

DSRC 技术仅提供短距离通信（图 1-25），覆盖距离通常为 300m。LTE-V2X 技术覆盖距离达到 1km 以上（图 1-26），甚至扩展到几千米，可以提前通知事故情况、道路状况和交通拥堵状况来使驾驶人受益。

#### 3. 通信时延对比

为保证交通安全、实现实时通信，V2X 通信需要实现相对于普通交通系统更低的时延，要求通常要小于 100ms。基于 DSRC 标准的 IEEE 802.11p 在 5.9GHz 频率短距离通信的系统时延超过 100ms，而 LTE-V2X 的时延通常为 50ms。

#### 4. 支持车速对比

DSRC 技术有效支持车速，通常为 200km/h。LTE-V2X 技术有效支持车速，一般为 500km/h（注意：我国高速公路最高限速是 120km/h）。

#### 5. 发展趋势对比

DSRC 与 LTE-V2X 各有优势，从整个行业来看，目前处于技术先于需求的研发探索阶段，两种标准无法明确哪个更好。就国内而言，LTE-V2X 技术具有更多自主产权，所以目

前国内的运营厂商也是主推 LTE-V2X。

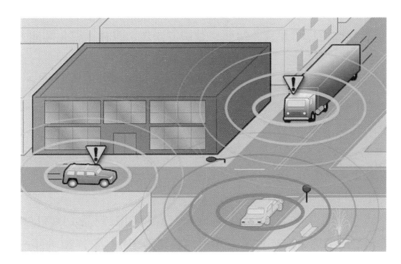

图 1-25　短距离通信

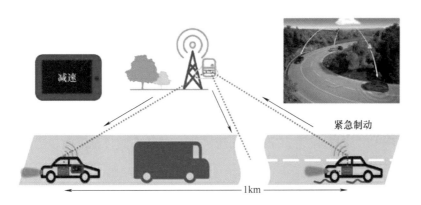

图 1-26　LTE-V2X 技术覆盖距离示意图

## 五、DSRC和LTE-V2X标准对比

1. 国际上的标准

（1）DSRC 标准　1999 年美国联邦通信委员会（Federal Communications Commission，FCC）批准将 5.9GHz 的 75MHz（5850~5925MHz）频率作为专用频率分配给基于 DSRC 通信技术的智能交通业务，后 IEEE 和 SAE 联合制定了 DSRC 标准。美国正在就 V2X 强制立法征求意见，所用的标准就是 DSRC。

（2）LTE-V2X 标准　LTE-V2X 标准在 3GPP 的 Release 13 中就已经确定其时间表。3GPP 的组织伙伴包括欧洲的 ETSI、日本的 ARIB、日本的 TTC、韩国的 TTA、美国的 ATIS 和中国通信标准化协会共 6 个标准化组织。

2. 国内使用的标准

2015 年初，国际标准化组织 3GPP 正式启动 LTE-V2X 的标准化工作，我国大唐电信、华为等企业作为主要报告人积极参与其中。两家中国公司联合 LG 公司牵头进行“基于 LTE 的 V2X 可行性研究”。

1）中国支持基于 LTE-V2X 的技术，在杭州、北京等地的自动驾驶示范，LTE-V2X 都是主角。中国信息通信研究院副院长王志勤表示，我国 LTE-V2X 相关标准于 2017 年底基本完成，包括 LTE-V2X 体系架构、频谱、空中接口、网络层与应用层、安全等。商用芯片、测试基地加速了 LTE-V2X 发展的中国之路。

2）工业和信息化部通过与北京、河北、重庆、浙江、吉林、湖北等地方签署"基于宽带移动互联网的智能汽车、智慧交通应用示范"示范合作框架，与公安部、江苏省政府开展无锡"国家智能交通综合测试基地共建合作"项目，支持上海国际汽车城建立"国家智能网联汽车（上海）试点示范项目"等方式，促进形成了"5+2"车联网示范区格局，开展包括 LTE-V2X 在内的 V2X 技术兼容性测试实验验证。

3）2017 年 9 月 18 日，中国汽车工程学会发布了《合作式智能运输系统 车用通信系统应用层及应用数据交互标准》，该标准支持 LTE-V2X、DSRC、5G 三种通信技术，针对高时延、低频率类应用，还额外支持 4G 通信。

4）大唐电信集团的 RSU 产品（DTVL3000-RSU）和 OBU 产品（DTVL3000-OBU）已经在上海、重庆等示范区部署，LTE-V2X 商用通信模组 DMD31 将于 2018 年一季度进行批量供应，为支持 LTE-V2X 道路设施智能化部署和车辆网联落地打下了坚实基础。

## 六、车联网主要的标准组织

### 1. 国际上的主要标准组织

车联网主要的标准组织和联盟包括电气和电子工程师学会（IEEE）、欧洲电信标准协会（ETSI）、第三代合作伙伴计划（3GPP）、日本电波产业协会（ARIB）、韩国电信技术协会（TTA）、新加坡资讯通信媒体发展局（IMDA）、5G 汽车协会（5GAA）等。ETSI 制订了基于 DSRC 的标准 ITS-G5，同时作为 3GPP 的创建伙伴，ETSI 在制订标准时也会从 3GPP 的技术标准成果中直接转化引用。

### 2. 国内的主要标准组织

我国车联网主要标准组织和联盟包括中国通信标准化协会（CCSA）、中国智能交通产业联盟（C-ITS）、中国汽车工程学会（China-SAE）、全国汽车标准化技术委员会（NTCAS）、车载信息服务产业应用联盟（TIAA）、全国智能运输系统标准化技术委员会（SAC/TC 268）、全国道路交通管理标准化技术委员会、IMT-2020（5G）推进组 C-V2X 工作组、中国智能网联汽车产业创新联盟（CAICV）等。

## 七、C-V2X技术应用

### 1. C-V2X 的定义及概况

1）C-V2X 中的 C 是指蜂窝（Cellular），它是基于 3G/4G/5G 等蜂窝网通信技术演进形成的车用无线通信技术，包含了两种通信接口，一种是车、人、路之间的短距离直接通信接口（PC5），另一种是终端和基站之间的通信接口（Uu），可实现长距离和更大范围的可靠通信。

2）C-V2X 是基于 3GPP 全球统一标准的通信技术，包含 LTE-V2X 和 5G-V2X，从技术演进角度讲，LTE-V2X 支持向 5G-V2X 平滑演进。

### 2. C-V2X 技术的发展前景

1）汽车行业正在经历前所未有的转型，自动驾驶的竞争越来越激烈。基于移动蜂窝技术的 C-V2X（Cellular-V2X）将是未来安全的无人驾驶车辆的关键推动力之一，该技术将使车辆与车辆之间，以及车辆与行人、道路基础设施和云端之间能够相互"倾听""交谈"。

图 1-27 所示为 C-V2X 技术应用示意图。

图 1-27  C-V2X 技术应用示意图

2）C-V2X 已经获得汽车和电信领导者的强力支持，应用较广泛。高通公司在推动 3GPP Release 14 中关于 V2X 的规范时发挥了关键作用，并于 2017 年参与了多项试验。华为公司在车联网方面积极开展 V2X 研究创新应用合作，与世界顶级汽车厂商联合研究、搭建高端车型 V2X 应用。

3. 未来 5G 支撑的 C-V2X 技术

1）凭借强大的 5G 演进路线，C-V2X 技术是安全意识和自主驾驶解决方案的关键。C-V2X 与其他高级驾驶辅助系统（ADAS）传感器（如摄像头、雷达）相辅相成，即使在非视距（NLOS）情况下也能提供有关车辆周围环境的信息。除了允许 360° 的 NLOS 之外，C-V2X 还旨在通过使用 5.9GHz ITS 频段中的直接通信，与其他车辆、基础设施、行人设备和网络设备来检测和交换信息，同时能够与使用商业蜂窝频段的云服务进行通信，改善车辆的情境意识。

2）与现有技术相比，C-V2X 旨在提供增加的 V2X 直接通信范围、可靠的延迟性和卓越的 NLOS 性能。

3）C-V2X 演进至 5G，为自主车辆提供更多的无线通信功能，支持高级使用案例。例如使用车辆之间的高吞吐量传感器数据，实现地图共享、透视功能，以及将摄像头信息从一辆车传到另一辆车上，实现宽带精确测距，同时保持与 3GPP Release 14 C-V2X 的向后兼容性。

## 任务准备

### 一、工具设备介绍

| 子任务模块 | 设备及工具 |
| --- | --- |
| ETC 功能模拟认知 | 车路协同虚拟仿真教学系统一套 |

### 二、实操预演

步骤一：正确安装虚拟仿真软件。

步骤二：通过仿真软件，确认通信接口类型。

步骤三：模拟体验 LTE-V2X 技术的 V2V 通信功能和 LTE-V2X 技术的 V2N 通信功能。

### ⚡ | 任务实施

感受 V2X 技术给现代道路交通带来的便利的同时，能够认知高速收费站 ETC 的特点，了解车载 OBU 与 RSU 的通信功能，能够认知 DSRC 技术和 LTE-V2X 技术的特点和接口模式，加深对 DSRC 技术和 LTE-V2X 技术的认知和理解。

## 一、前期准备

1）准备好学生实训的计算机、软件安装包。
2）准备好学生车路协同虚拟仿真教学系统。
3）准备好学生实训的工单。

## 二、实操演练

ETC 功能模拟认知

| 实施步骤 | 使用工具 | 图示 | 操作要点 |
|---|---|---|---|
| 1. 开机后打开车路协同虚拟仿真教学系统 | | NFC模块 ⟷ ZigBee ⟷ 用户识别卡<br>无线通信模块 ⟷ Wi-Fi ⟷ 用户识别卡<br>主控模块 ⟷ 5.8GHz ⟷ 用户识别卡 | 按要求操作 |
| 2. 选中 DSRC 技术 ETC 体验模块进入模拟实训场景 | | | 参照本任务理论知识第二部分中的 DSRC 技术典型应用内容 |
| 3. 先选择未安装 OBU 的车辆，走人工收费通道，模拟体验传统人工收费场景 | 车路协同虚拟仿真教学系统 | | 按照图示完成车辆 OBU 的安装 |
| 4. 以鼠标拖拽的方式，从车载终端库中取出 OBU，安装在车上相应位置，开始实训考试，成绩将自动计入车路协同虚拟仿真教学系统 | | 安全模块<br>5.8GHz射频识别单元 ⟷ 主控模块<br>OBU | 在车路协同仿真教学软件的虚拟环境中，模拟驾驶未安装 OBU 的车辆和安装 OBU 的车辆 |

**检测评价**

V2X 技术路线认知实操评分表

学生姓名：＿＿＿＿＿＿　　学生学号：＿＿＿＿＿＿　　操作用时：＿＿＿＿＿＿分钟

| 序号 | 作业内容 | 配分 | 作业项目 | 分值 | 扣分 | 备注 |
|---|---|---|---|---|---|---|
| 1 | 开启计算机，打开车路协同虚拟仿真软件 | 30 | □开启计算机电源，打开计算机 | 10 | | |
| | | | □正确安装车路协同虚拟仿真软件 | 10 | | |
| | | | □找到虚拟仿真软件图标，单击打开，进入系统 | 10 | | |
| 2 | 在虚拟仿真软件中选中技术体验模块进入模拟实训场景 | 50 | □正确识别 OBU | 10 | | 若有未完成的项目，根据情况酌情扣分 |
| | | | □正确识别 DSRC 技术体验模块 | 20 | | |
| | | | □正确识别 LTE-V2X 技术体验模块 | 20 | | |
| 3 | 关闭虚拟仿真软件和计算机 | 20 | □关闭虚拟仿真软件 | 10 | | 若未操作，现场考评员提醒并扣除对应项目分值 |
| | | | □关闭计算机后拔下计算机电源插头 | 10 | | |
| 合　计 | | | | 100 | | |

考核成绩：＿＿＿＿＿＿　　　　教师签字：＿＿＿＿＿＿

**任务小结**

1）本任务介绍了 V2X 技术路线，即 DSRC 与 LTE-V2X 两大技术路线。

2）本任务介绍了 DSRC 技术的优势、硬件设备、技术标准、典型应用（ETC）。

3）本任务介绍了 LTE 技术概况，LTE-V2X 技术概况、优势，以及集中式（LTE-V-Cell）和分布式（LTE-V-Direct）两种工作模式。

4）本任务介绍了 DSRC 与 LTE-V2X 在建设成本、覆盖距离、通信时延、支持车速、发展趋势等 5 个方面的对比。

5）实操演练进行了基于 DSRC 技术的 ETC 模拟体验。

本任务主要内容思维导图如图 1-28 所示。

图 1-28　本任务主要内容思维导图

任务工单 ►────────────────────────────────────────────────────►

学生姓名：＿＿＿＿＿＿＿＿   组别：＿＿＿＿＿＿   实训日期：＿＿＿＿＿＿＿

### 一、任务描述

作为一名 V2X 设备销售业务员，应熟悉 V2X 的 DSRC 与 LTE-V2X 两大技术，在向客户介绍 V2X 设备前，需要简要介绍 V2X 的两大技术，你能完成此任务吗？

### 二、任务准备

1. 实训准备

车路协同虚拟仿真实训室一间；计算机 50 台；含 ETC、DSRC、LTE-V2X 体验模块的车路协同虚拟仿真教学系统一套；每台计算机事先安装虚拟仿真教学系统并调试。

2. 知识准备

1）V2X 目前主要有两大技术，分别是：

① 抢占先机的＿＿＿＿＿＿＿＿＿＿技术，英文全称为＿＿＿＿＿＿＿＿＿，中文全称为

＿＿＿＿＿＿＿＿＿＿。

② 后来居上的＿＿＿＿＿＿＿＿＿＿技术，英文全称为＿＿＿＿＿＿＿＿＿，中文全称为

＿＿＿＿＿＿＿＿＿＿。

2）V2X 两大技术分别可以类比为 Wi-Fi 上网和数据流量上网。

① ＿＿＿＿＿＿＿＿＿技术可以类比为在家用 Wi-Fi 上网。

② ＿＿＿＿＿＿＿＿＿技术可以类比为在外面用数据流量上网。

3）V2X 技术包含通过 PC5 接口通信和通过 Uu 接口通信。

① 车 - 车（V2V）、车 - 基础设施（V2I）、车 - 人（V2P）均通过＿＿＿＿＿＿＿＿接口模式。

② 车 - 网络（V2N）通过＿＿＿＿＿＿＿＿＿接口模式。

4）＿＿＿＿＿＿＿＿＿技术需要基站设施，＿＿＿＿＿＿＿＿＿技术不需要基站设施。

5）ETC 英文全称是＿＿＿＿＿＿＿＿＿，指的是＿＿＿＿＿＿＿＿＿，是目前世界上最先进的路桥收费方式。在 ETC 系统中，OBU 采用＿＿＿＿＿＿＿＿＿技术，建立与 RSU 之间的微波专用短程通信，在车辆行进途中，同时在不停车的情况下，实现车辆身份识别，并进行电子扣费。

### 三、任务要求

1）先在虚拟仿真实训室完成 ETC 体验模拟实训，模拟体验传统收费方式和 ETC 方式，感受 V2X 技术给道路交通带来的便利。

2）完成实训后进入模拟实训考试系统进行上机考试，考试前要反复进行模拟实训练习，确保熟练掌握全部内容后，再进入模拟实训考试系统开始实训考试。

### 四、任务实施

1）完成 ETC 体验模拟实训，将实训步骤写在下面：

＿＿＿＿＿＿＿＿＿＿＿＿＿＿＿＿＿＿＿＿＿＿＿＿＿＿＿＿＿＿＿＿＿＿＿＿＿＿＿＿＿＿

＿＿＿＿＿＿＿＿＿＿＿＿＿＿＿＿＿＿＿＿＿＿＿＿＿＿＿＿＿＿＿＿＿＿＿＿＿＿＿＿＿＿

＿＿＿＿＿＿＿＿＿＿＿＿＿＿＿＿＿＿＿＿＿＿＿＿＿＿＿＿＿＿＿＿＿＿＿＿＿＿＿＿＿＿

＿＿＿＿＿＿＿＿＿＿＿＿＿＿＿＿＿＿＿＿＿＿＿＿＿＿＿＿＿＿＿＿＿＿＿＿＿＿＿＿＿＿

2）完成 DSRC 与 LTE-V2X 体验模拟实训，将实训步骤写在下面：

_____

_____

_____

_____

### 五、任务总结

请你总结此次任务中有哪些收获？有哪些地方需要进行自我改进？

1）主要收获：_____

_____

2）自我改进：_____

### 六、任务评价

| 评分项目 | 知识能力<br>（25分） | 实践能力<br>（25分） | 职业素养<br>（25分） | 工作规范 6S<br>（25分） | 总评 |
|---|---|---|---|---|---|
| 自我评定 |  |  |  |  |  |
| 小组评定 |  |  |  |  |  |
| 教师评定 |  |  |  |  |  |
| 合计得分 |  |  |  |  |  |

# 任务三　V2X应用场景认知

### ✅ | 任务导入

一位年轻顾客来到某品牌汽车 4S 店，说自己刚刚拿到驾照，为了驾车安全，想买一辆智能化高的汽车。赵梅作为这家 4S 店的销售员，知道一款搭载 V2X 技术的新车能满足顾客要求，准备向顾客大力推荐。那么她该如何围绕 V2X 的安全应用场景，向顾客介绍这款新车优越的安全性能呢？

### 🖥 | 任务分析

完成本次任务，通过对"任务资讯"的学习，达到如下所列的知识目标、技能目标和素养目标的要求。

| 知识目标 | 1. 能准确描述 V2V、V2I、V2N、V2P 安全应用场景。<br>2. 认知 V2X 的主要设备。 |
| --- | --- |
| 技能目标 | 1. 具有描述紧急车辆提醒安全应用场景的能力。<br>2. 具有描述转向碰撞预警安全应用场景的能力。 |
| 素养目标 | 1. 培养学生的综合学习能力。<br>2. 培养学生思维构建能力。 |

## ◀ | 任务资讯

### 一、V2V安全应用场景

V2V 实现了车与车之间的通信，安全应用场景包括前向碰撞预警、交叉路口碰撞预警、盲区变道预警、隧道预警。

#### 1. 前向碰撞预警

前向碰撞预警（Forward Collision Warning，FCW）是指主车（Host Vehicle，HV）在车道上行驶，与在正前方同一车道的车辆（Front Vehicle，FV）存在追尾碰撞危险时，FCW 应用将提示 HV 驾驶人前方有碰撞风险，以便提前减速避让。FCW 应用适用于城市道路或高速公路等车辆有追尾碰撞危险的预警，可以辅助驾驶人避免或减轻追尾碰撞，提高道路行车安全性。

（1）FV 位于 HV 前方　两车直行时，FV 位于 HV 前方，有三种主要场景，分别为 HV 与 FV 之间无车辆、FV 在 HV 相邻车道上、HV 与 FV 之间有车辆。

1）HV 与 FV 之间无车辆时，当 HV 正常行驶，FV 在 HV 同一车道正前方停车（图 1-29）时，恰好 HV 和 FV 具备短程无线通信能力，HV 与 FV 距离逐渐缩小，即将追尾碰撞 FV 时，FCW 立即对 HV 驾驶人发出预警，提醒驾驶人注意停在前方的 FV（图 1-30），避免发生追尾碰撞。预警时机很重要，预警太早没必要，容易造成驾驶人情绪紧张，预警晚了，碰撞难以避免。正确的预警时机应该是，当 HV 驾驶人收到预警后，有足够的时间减速停车或绕行，避免与 FV 发生追尾碰撞。

图 1-29　FV 在 HV 正前方不远处停车

2）FV 在 HV 相邻车道上时，当 HV 正常行驶，FV 在 HV 相邻车道前方停车（图 1-31）时，恰好 HV 和 FV 具备短程无线通信能力，HV 和 FV 无追尾碰撞危险，HV 驾驶人不会收到 FCW 预警信息（图 1-32）。

3）HV 与 FV 之间有车辆时，当 HV 正常行驶，FV 与 HV 隔着中间车辆（Middle Vehicle，MV），FV 在位于 HV 同一车道正前方紧急制动（图 1-33），会导致两车中间车辆也会随之制动减速。如果 HV 不采取措施，就会追尾碰撞 MV。如果 HV 和 FV 具备短程无线通信能力，当 FV 紧急制动时，FCW 应用会立即对 HV 驾驶人发出预警（图 1-34），驾驶人收到 FCW 预警信息后采取措施，能避免发生追尾碰撞事故。

图 1-30　FCW 对 HV 驾驶人发出预警

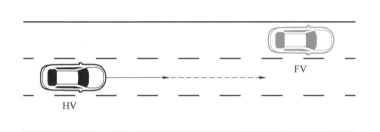

图 1-31　FV 在 HV 相邻车道前方停车

图 1-32　HV 驾驶人不会收到 FCW 预警信息

图 1-33　FV 隔着 MV 在 HV 同一车道正前方紧急制动

图 1-34　FCW 对 HV 驾驶人发出预警

（2）FV 位于 HV 前方弯道上　　FCW 应用不仅在直路上有效，即使 HV 与 FV 同时行驶在图 1-35 所示的四种弯道上，甚至行驶在更复杂的弯道上，当 FV 紧急制动或停车时，不论两车之间有没有其他车辆，FCW 依旧会向 HV 驾驶人发出预警，即 FCW 在弯道上同样有效，无论是两车之间没有其他车辆（图 1-36），还是有其他车辆阻挡 HV 驾驶人视线（图 1-37），FCW 均发挥同样作用。

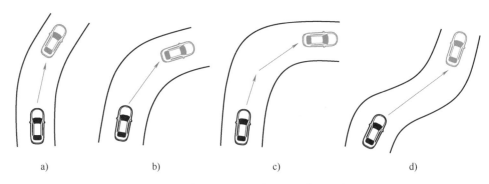

a)　　　　　　　　b)　　　　　　　　c)　　　　　　　　d)

图 1-35　HV 与 FV 同时行驶在四种类型的弯道上

图 1-36　FCW 在弯道上同样有效<br>（两车之间没有其他车辆）

图 1-37　FCW 弯道碰撞预警示意图（两车之间有其他车辆）

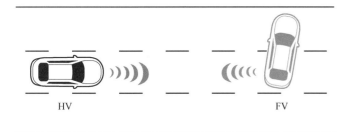

图 1-38　FV 在 HV 前方突然爆胎失控 FCW 应用预警

图 1-39　BV 突然制动失灵并快速向 HV 靠近预警

（3）FV 在 HV 前方失控　　当 HV 与 FV 行驶在同一车道上，且距离很近：

1）当 FV 在 HV 前方突然爆胎时，失去方向控制，正常行驶中的 HV 遇到这一突发情况，极易与 FV 发生碰撞。如果 HV 和 FV 具备短程无线通信能力，当 FV 突然爆胎时，FCW 应用会立即对 HV 驾驶人发出预警（图 1-38），提醒驾驶人迅速采取措施，避免或减轻碰撞带来的损失。

2）当 BV 在 HV 后方突然制动失灵并快速靠近 HV 时，HV 会收到预警信号，提醒 HV 驾驶人不要减速（图 1-39）。如果 BV 速度过快，HV 应加速或变道避让。

2. 交叉路口碰撞预警

交叉路口是交通事故高发区，车辆驶向如图 1-40 所示的复杂路口时，交叉路口碰撞预警（Intersection Collision Warning，ICW）功能被触发，及时提醒驾驶

人注意路口周边车辆，减少事故发生的概率。ICW 适用于城市及郊区普通道路及公路的交
叉路口、环道的入口、高速公路入口
等交叉路口的碰撞预警。

### 3. 盲区变道预警

由于车体和内外后视镜在设计上
的问题，驾驶人很难察觉到视角盲区
的车辆，借助 V2V 技术，驾驶人变道
前能够及时察觉到盲区车辆，减少事
故的发生。盲区变道预警如图 1-41 所
示。这项功能与通过雷达、红外线传
感器、摄像头实现的变道辅助系统功
能类似。

### 4. 隧道预警

隧道内需要安装激光雷达、摄像
头等传感器（图 1-42）检测隧道交通
情况，并将隧道内车辆检测结果发送

图 1-40　复杂交叉路口

给即将进入隧道的车辆，让驾驶人提前了解隧道内交通信息。这些安装在隧道内的路侧设备
可对隧道内所有车辆的运动轨迹进行跟踪，判断是否有车辆超速、违章变道等违法行为。

图 1-41　盲区变道预警

图 1-42　隧道内安装的激光雷达和摄像头等传感器

5. 紧急车辆提醒

紧急车辆（Emergency Vehicle，EV）指的是消防车、救护车、警车或其他紧急呼叫车辆。紧急车辆提醒（Emergency Vehicle Warning，EVW）是指主车（HV）行驶中，收到 EV 提醒及时让行。EVW 应用 V2V 短程信息交互模式，主要应用场景有两个，分别为单行车道让行和多行车道让行。

（1）单行车道让行　HV 与 EV 均在单行车道行驶，两车具备短程通信能力，当 EV 从后方接近 HV 时，提醒 HV 让行（图 1-43），HV 马上做出响应，让出左侧车道（图 1-44），以便 EV 快速通过。

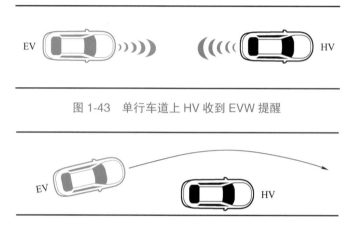

图 1-43　单行车道上 HV 收到 EVW 提醒

图 1-44　HV 收到 EVW 提醒后靠向路边减速让行

（2）多行车道让行　HV 与 EV 均在多行车道行驶，在 HV 相邻车道还有其他车辆（Other Vehicle，OV）行驶，EV 无法通过，恰好 HV 与 EV 具备短程通信能力。以双车道为例，当 EV 从后方接近 HV 时，提醒 HV 让行（图 1-45），HV 马上做出响应，变道行驶，让出车道（图 1-46），以便 EV 快速通过。

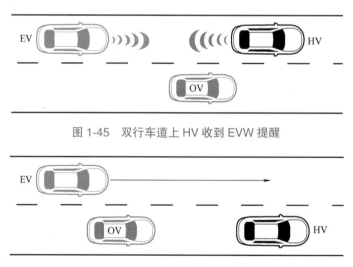

图 1-45　双行车道上 HV 收到 EVW 提醒

图 1-46　HV 收到 EVW 提醒后变道让行

6. 转向碰撞预警

（1）禁止超车预警　禁止超车预警（Do Not Pass Warning，DNPW）指的是车辆在双向两车道的道路上行驶时，后方车辆想要超过前方车辆，必须要临时占用对向车道，当本车与对向车辆有超车碰撞隐患时，此时液晶屏上会及时显示禁止超车预警（图1-47）。

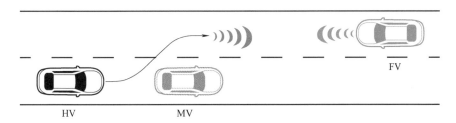

图 1-47　禁止超车预警示意图

（2）向左转向预警　向左转向预警又称为左转辅助（Left Turn Assist，LTA）。在 HV 驾驶人想要左转向时，如果 FV 对向行驶过来，系统会在显示屏上及时显示提示信息，提醒驾驶人注意前方对向车辆，如图1-48 所示。需要注意的是，只有在驾驶人打开左转向灯时才可触发此功能（图1-49）。

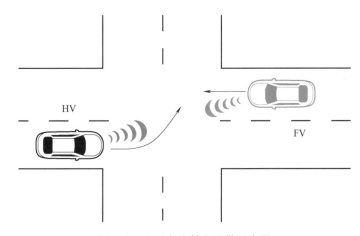

图 1-48　HV 向左转向预警示意图

图 1-49　左转辅助功能启动

## 二、V2I安全应用场景

V2I 是车与智能交通设施之间的通信连接，主要有红灯预警、弯道限速预警、前方道路施工预警、天气预警、人行横道预警。

### 1. 红灯预警

当车辆接近有交通信号灯的路口，若此时红灯即将亮起，V2I 设备判断车辆无法及时通过此路口时，红灯预警功能会及时提醒驾驶人减速停车（图 1-50）。这与基于摄像头采集到红灯提醒功能类似，但是它的优点是能与交通设施进行通信，尤其是在无红绿灯倒计时显示屏的路口具有"预知"红绿灯时间的作用，减少驾驶人不必要的加速和紧急制动。

图 1-50　红灯预警功能启动

### 2. 弯道限速预警

当车辆从平直路面转弯时，V2I 设备接收相关弯道限速信号或识别弯道限速标识（图 1-51）后，及时提醒驾驶人减速慢行。

图 1-51　弯道限速预警

### 3. 前方道路施工预警

当车辆行驶至施工区域附近时，路侧单元（RSU）会与车载单元（OBU）通信，向驾驶人提示前方道路施工信息，以便驾驶人提前改变行驶路线，如图 1-52 所示。

图 1-52　前方道路施工预警

#### 4. 天气预警

当车辆行驶至恶劣天气的地带时，如多雾、雨雪天气时，天气预警功能会及时提醒驾驶人控制车速、车距以及谨慎使用驾驶人辅助系统。

#### 5. 人行横道预警

人行横道线上安装有行人探测传感器，当车辆靠近人行横道时，交通信号设施向周边车辆发送行人信息，提示车辆减速及停车（图 1-53）。

### 三、V2N安全应用场景

V2N 主要是实现车辆与云端信息共享（图 1-54），车辆既可以将车辆信息、交通信息发送到云端交警指挥中心，云端也可以将广播信息如交通拥堵、事故情况发送给某一地区相关车辆。V2V 和 V2I 都是近距离通信，V2N 技术实现远程数据传输。

图 1-53　人行横道预警

### 四、V2P安全应用场景

V2P 通过手机、智能穿戴设备（智能手表等）等实现车与行人信号交互。在根据车与人之间速度、位置等信号判断有一定的碰撞隐患时，车辆通过仪表板及蜂鸣器，手机通过图像及声音提示注意前方车辆或行人。

#### 1. 道路行人预警

行人穿越道路时，道路行驶车辆与行人进行信息交互（图 1-55），当检测到有碰撞隐患时，车辆会收到图片和声音提示驾驶人，同时行人收到手机屏幕图像或声音提示。

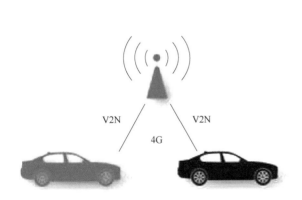

图 1-54　V2N 实现车辆与云端信息共享

图 1-55　行驶车辆与行人进行信息交互

#### 2. 倒车预警

行人经过正在倒车出库的汽车时，若由于驾驶人视觉盲区未能及时发现周边的人群，很容易发生交通事故，通过车与后方的人进行信息交互，能及时提醒驾驶人和行人，避免事故发生。这与借助全景影像进行泊车功能类似。

**| 任务准备**

## 一、工具设备介绍

| 子任务模块 | 设备及工具 |
|---|---|
| V2V 应用场景 | 车路协同虚拟仿真教学系统一套 |

## 二、实操预演

步骤一：正确安装虚拟仿真软件。

步骤二：通过仿真软件，确认通信接口类型。

步骤三：模拟体验 V2V 应用场景。

**| 任务实施**

能够认知 V2V 典型应用场景的特点，加深对以上主要应用场景预警功能的理解。使用车路协同仿真教学软件开展实训。

## 一、前期准备

1）准备好学生实训的计算机、软件安装包或链接。

2）准备好学生实训的车路协同仿真教学软件。

## 二、实操演练

认知 V2V 典型应用场景

| 实施步骤 | 使用工具 | 图示 | 操作要点 |
|---|---|---|---|
| 1. 开机后打开车路协同虚拟仿真教学系统选中 V2V 前向碰撞预警演示模块进入模拟实训场景 | 系统版本 Windows 7 及以上 | 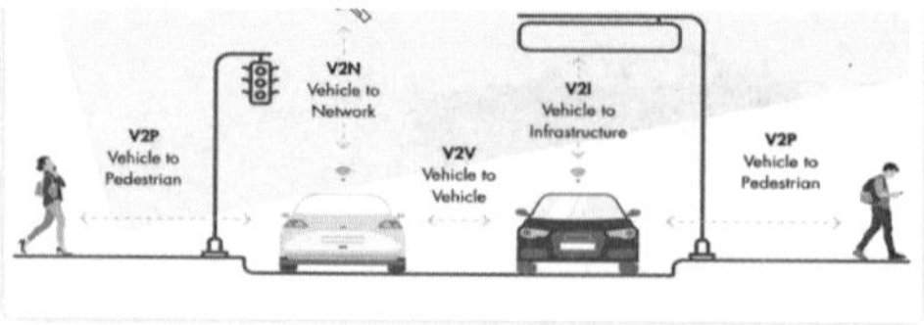 | 在车路协同仿真教学软件的虚拟环境中，模拟驾驶主车（HV）与前车（FV）进行通信交互 |
| 2. 当 HV 与 FV 距离为 50m 时，HV 收到前向碰撞预警（FCW），提示有碰撞危险 | | | 设置主车（HV）和前车（FV）的距离、车速等参数时，不能脱离实际，应符合实际应用场景 |
| 3. 当 HV 与 FV 间距达到安全距离时，保持匀速行驶。也可以打开超车灯，进行变道超车操作 | | | |

检测评价

认知 V2X 典型应用场景实操评分表

学生姓名：_____　　学生学号：_____　　操作用时：_____分钟

| 序号 | 作业内容 | 配分 | 作业项目 | 分值 | 扣分 | 备注 |
|---|---|---|---|---|---|---|
| 1 | 开启计算机，打开车路协同虚拟仿真软件 | 30 | □开启计算机电源，打开计算机 | 10 | | |
| | | | □正确安装车路协同虚拟仿真软件 | 10 | | |
| | | | □找到虚拟仿真软件图标，单击打开，进入系统 | 10 | | |
| 2 | 在虚拟仿真软件中选中 V2V 技术体验模块进入模拟实训场景 | 50 | □正确进行通信交互 | 10 | | 若有未完成的项目，根据情况酌情扣分 |
| | | | □正确使用 V2V 技术体验模块 | 20 | | |
| | | | □正确设置参数 | 20 | | |
| 3 | 关闭虚拟仿真软件和计算机 | 20 | □关闭虚拟仿真软件 | 10 | | 若未操作，现场考评员提醒并扣除对应项目分值 |
| | | | □关闭计算机后拔下计算机电源插头 | 10 | | |
| 合　计 | | | | 100 | | |

考核成绩：_____　　教师签字：_____

任务小结

1）本任务介绍了 V2V 安全应用场景，即前向碰撞预警、交叉路口碰撞预警、盲区变道预警、隧道预警。

2）本任务介绍了 V2I 安全应用场景，即红灯预警、弯道限速预警、前方道路施工预警、天气预警、人行横道预警。

3）本任务介绍了 V2N 安全应用场景，即 V2N 技术能实现远程数据传输，可以将前方交通拥堵、交通事故等情况发送给周围搭载 V2X 技术的车辆。

4）本任务介绍了 V2P 安全应用场景，即道路行人预警和倒车预警功能。

本任务主要内容思维导图如图 1-56 所示。

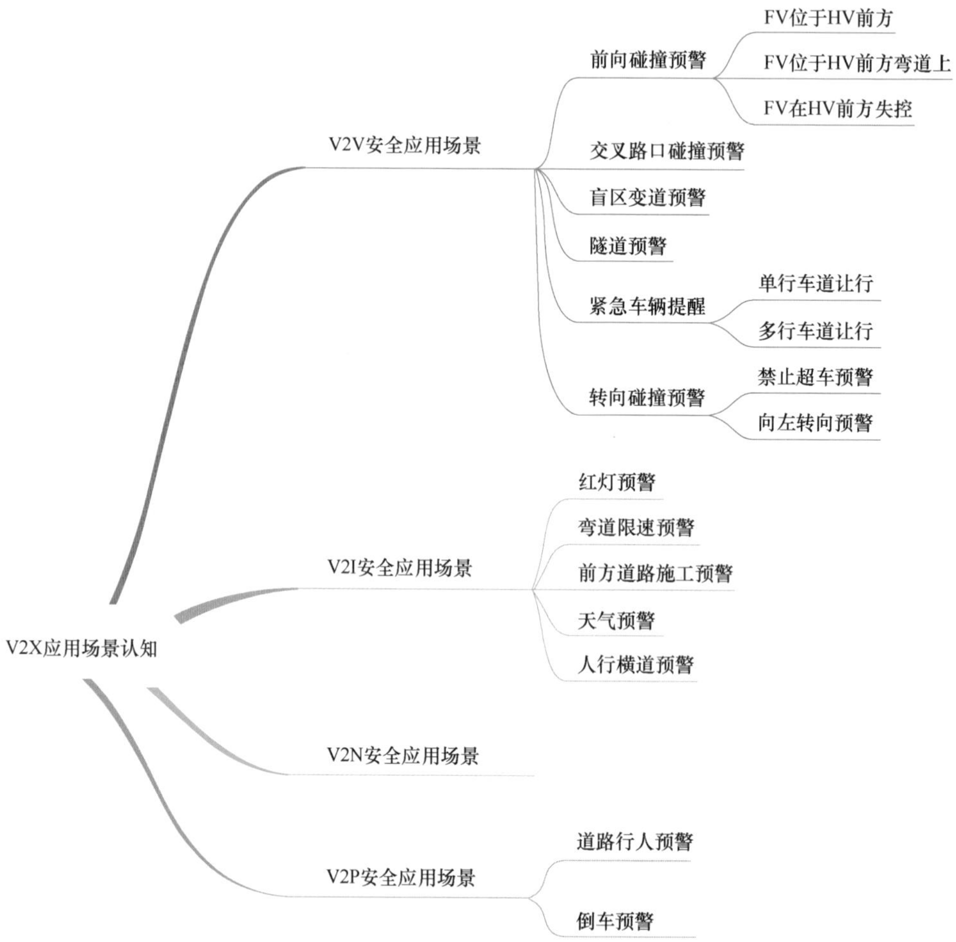

图 1-56　本任务主要内容思维导图

## 任务工单

学生姓名：_____　　　组别：_____　　　实训日期：_____

### 一、任务描述

作为一名车路协同试验员，应熟悉 V2X 应用场景，需要针对各种应用场景进行道路试验，你能完成此任务吗？

### 二、任务准备

1. 实训准备

车路协同虚拟仿真实训室一间；计算机 50 台；含 V2X 应用场景试验模块的车路协同虚拟仿真教学系统一套；每台计算机事先安装虚拟仿真教学系统并调试。

2. 知识准备

1）本任务所讲 V2V 安全应用场景有_____预警、_____预警、_____预警、_____预警。

2）本任务所讲 V2I 安全应用场景有_____预警、_____预警、_____预警、_____预警和_____预警。

3）V2N 安全应用场景指的是车辆与云端信息共享，车辆既可以将车辆信息、交通信息发送到_____，云端也可以将_____发送给某一地区相关车辆。

4）V2P 安全应用场景指的是车辆通过行人的手机、智能穿戴设备（智能手表等）等实现车与＿＿＿＿＿＿＿＿＿＿信号交互。

### 三、任务要求

1）先在虚拟仿真实训室完成 V2X 应用场景模拟实训，掌握各应用场景特点。

2）完成实训后进入模拟实训考试系统进行上机考试，考试前要反复进行模拟实训练习，确保熟练掌握全部内容后，再进入模拟实训考试系统开始实训考试。

### 四、任务实施

1）完成 V2V 前向碰撞预警演示，将实训步骤写在下面：

_____

_____

_____

_____

2）完成 V2I 前方道路施工预警演示，将实训步骤写在下面：

_____

_____

_____

_____

3）完成 V2N 前方交通拥堵预警演示，将实训步骤写在下面：

_____

_____

_____

_____

4）完成 V2P 道路行人预警演示，将实训步骤写在下面：

_____

_____

_____

_____

### 五、任务总结

请你总结此次任务中有哪些收获？有哪些地方需要进行自我改进？

1）主要收获：_____

_____

2）自我改进：_____

_____

## 六、任务评价

| 评分项目 | 知识能力<br>（25分） | 实践能力<br>（25分） | 职业素养<br>（25分） | 工作规范 6S<br>（25分） | 总评 |
|---|---|---|---|---|---|
| 自我评定 | | | | | |
| 小组评定 | | | | | |
| 教师评定 | | | | | |
| 合计得分 | | | | | |

# 项目二
## 车载终端的装调与应用

**项目引言**

随着机动车保有量的快速上升，给交通环境带来了较大的压力。为此，人们在车联网领域提出了车路协同系统的概念，通过车与车、车与路之间的信息交互来管控优化交通环境，解决交通环境的压力。

车路协同的基本实施方法是由车载终端通过无线通信技术将车辆位置、工况等信息发送给路侧设备，从而让路侧设备获知一个范围内每辆车的交通行为信息，然后通过相应的交通管控策略，一方面控制红绿灯，另一方面向车辆发出管控和警示信号，从而在整体上控制相关路段的交通流量和车辆行驶行为，最大限度降低交通拥堵、提高交通效率。

# 任务一　车载终端的认知

## ✅ | 任务导入

　　如果你是某智能网联汽车科技公司的技术培训人员，当公司安排你向新入职员工介绍搭载本公司车载终端的智能网联汽车，讲解过程中需要向他们介绍车载终端时，你该描述哪些方面呢？

## 🖥 | 任务分析

　　完成本次任务，首先要对车载终端有一定的认知，通过对"任务资讯"的学习，达到如下所列的知识目标、技能目标和素养目标的要求。

| | |
|---|---|
| 知识目标 | 1. 掌握车载终端的定义。<br>2. 理解车载终端的应用。<br>3. 了解车载终端的类型。<br>4. 了解车载终端的技术要求。<br>5. 掌握车载终端的工作模式。<br>6. 掌握车载终端的组成。 |
| 技能目标 | 1. 具有描述车载终端组成部分的能力。<br>2. 具有描述车载终端工作模式的能力。 |
| 素养目标 | 1. 培养学生的综合学习能力。<br>2. 培养学生的工匠精神。 |

## ◀ | 任务资讯

### 一、车载终端的相关概念

#### 1. 车载终端的定义

　　车载终端是安装在汽车上，采集和保存整车及系统部件的关键状态参数，并与车联网后台及其他对象进行通信的装置或系统。

　　车载终端将先进的传感技术与传统汽车制造业深度融合，主要使用立体摄像头、雷达等传感器，结合控制器、线控执行机构的组合，构成驾驶辅助系统或自动驾驶系统，使得车辆能够检测和应对周围的环境。这类应用已经在部分品牌的车辆上得到应用。

#### 2. 车载终端的应用

　　车载终端主要借助对周边环境的感知、对障碍物及危险的识别、与云服务平台的通信以及与其他车辆和路侧设备的互联等获取信息，通过智能控制、人机交互等方式提高安全性，改善驾驶体验。车联网车载终端也被称为 T-BOX（Telematics Box），在车联网发展的初期，T-BOX 主要是为车主提供远程信息服务（Telematics Service），现在的 T-BOX 除了原有的信息服务外，还承担着车辆与外界通信（V2X）的桥梁作用，并具有高精度定位、车云协同计算、整车固件远程升级（Firmware Over-The-Air，FOTA）、车辆控制、故障诊断等功能，用以满足车辆智能化和网联化的应用要求。

车载终端接收各类传感器的数据，通过集成多种通信技术使汽车内部各部件、汽车内部与外部之间形成联系，是智能网联汽车信息传递及处理的桥梁。

## 二、车载终端的类型

### 1. ETC 系统车载单元

ETC 系统采用车辆自动识别技术完成车辆与收费站之间的无线数据通信，进行车辆自动感应识别和相关收费数据的交换。ETC 系统是采用计算机网络进行收费数据的处理，实现不停车、不设收费窗口也能全自动电子收费的系统。

ETC 系统主要由车辆自动识别系统、中心管理系统和其他辅助设施等共同完成收费。其中，车辆自动识别系统有车载单元（OBU），又称应答器或电子标签，如图 2-1 所示。ETC 系统由路侧单元（RSU）、环路感应器等组成。OBU 中存有车辆的识别信息，一般安装于车辆前面的风窗玻璃上。RSU 安装于收费站旁边，环路感应器安装于车道地面下。中心管理系统有大型的数据库，存储大量注册车辆和用户的信息。当车辆通过收费站口时，环路感应器感知车辆，RSU 发出询问信号，OBU 做出响应，并进行双向通信和数据交换；中心管理系统获取车辆识别信息，如汽车 ID 号、车型等信息，并和数据库中相应信息进行比较判断，根据不同情况来控制管理系统产生不同的动作，如计算机收费管理系统从该车的预付款项账户中扣除此次应交的过路费，或送出指令给其他辅助设施工作。

图 2-1　ETC 系统车载单元（OBU）

### 2. 车辆调度监控终端

车辆调度监控终端如图 2-2 所示。车辆调度监控终端主要由车载视频服务器、LCD 触摸屏、外接摄像头、通话手柄、汽车防盗器等各种外接设备组成。

车辆调度监控终端具有集成定位、通信、汽车行驶记录等多项功能；具有强大的业务调度功能和数据处理能力；

图 2-2　车辆调度监控终端

支持电话本呼叫、文字信息语音播报；具有安防报警、剪线报警及远程安全断油、断电安全保护功能；预留多个 RS-232 接口和 RS-485 接口，可外接计价器、摄像头、麦克风、耳机、TTS 语音合成盒子。其分体式设计主机可隐蔽安装，自备高容量备用电池，可供车载终端在无电情况下工作报警。

### 3. 智能网联车载单元（OBU）

智能网联车载单元（OBU）除了原有的信息服务外，还承担着车辆与外界通信（V2X）的桥梁作用，并具有高精度定位、车云协同计算、远程升级、车辆控制、故障诊断等功能，用以满足车辆智能化和网联化的应用要求。智能网联车载单元（OBU）如图 2-3 所示。

## 三、车载终端的技术要求和实验方法

GB/T 32960.2—2016《电动汽车远程服务与管理系统技术规范 第 2 部分：车载终端》规定了电动汽车远程服务及管理系统车载终端的技术要求和试验方法。下面主要介绍车载终端功能要求，其他具体细节可查阅该标准文档。

图 2-3　智能网联车载单元（OBU）

### 1. 时间和日期

车载终端应提供时间和日期。时间应精确到秒，日期应精确到日。

与标准时间相比时间误差 24h 内 ±5s。

### 2. 数据采集

车载终端应按照 GB/T 32960.3—2016《电动汽车远程服务与管理系统技术规范 第 3 部分：通信协议及数据格式》中公共平台需要的实时数据进行采集，实时数据的采集频次不应低于 1 次 /s。

### 3. 数据存储

1）车载终端应按照最大不超过 30s 的时间间隔周期将采集到的实时数据保存在内部存储介质中。当车辆出现 GB/T 32960.3—2016《电动汽车远程服务与管理系统技术规范 第 3 部分：通信协议及数据格式》中的 3 级报警时，车载终端应按照最大不超过 1s 的时间间隔周期将采集到的实时数据保存在内部存储介质中。

2）车载终端内部存储介质容量应至少满足 7 天的实时数据存储。车载终端内部存储介质存储满时，应具备内部存储数据的自动循环覆盖功能。

3）车载终端内部存储的数据应具有可读性。

4）车载终端断电停止工作时，应完整保存断电前保存在内部存储介质中的数据不丢失。

### 4. 数据传输

1）车载终端应具有将采集到的实时数据发送到企业平台的功能。

2）车载终端上传到企业平台实时数据的传输时间间隔及数据种类应符合 GB/T 32960.3—2016《电动汽车远程服务与管理系统技术规范 第 3 部分：通信协议及数据格式》的相关要求。

### 5. 数据补发

当通信异常时，车载终端应将采集到的实时数据存储到本地存储介质中，等待通信恢复正常后再进行实时数据的补发，补发数据及方式应符合 GB/T 32960.3—2016《电动汽车远程服务与管理系统技术规范 第 3 部分：通信协议及数据格式》的相关要求。

### 6. 注册与激活

车载终端应具有支持远程方式在企业平台上注册、激活功能。

### 7. 独立运行

车载终端在外部供电异常断开后，仍可以独立运行，且至少保障外部供电断开前 10min 的数据上传到企业平台。

注：数据指 GB/T 32960.3—2016《电动汽车远程服务与管理系统技术规范 第 3 部分：

通信协议及数据格式》中规定的相关数据。

8. 远程控制

车载终端有自检、远程查询、远程参数设置和远程升级等功能。

## 四、车载终端的典型外形

目前，车载终端主要有两种形态：一种是单体式车载终端，独立于其他部件；另一种是集成式车载终端，是将车载终端功能和车机等进行集成设计。下面重点介绍第一种形态，即单体式车载终端。

车载终端外壳一般采用 PC+ABS 的材料。典型的智能车载终端外形如图 2-4 所示。

车载终端外接口一般分为主线束插口、USB 插口、天线插口等。典型的车载终端外部插口布局如图 2-5 所示。

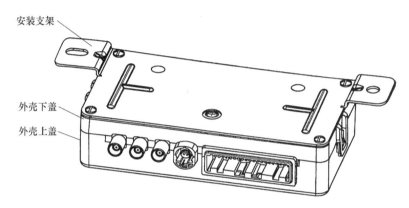

图 2-4　典型的智能车载终端外形

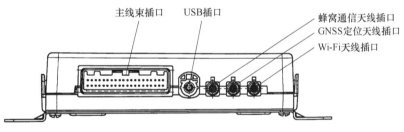

图 2-5　典型的车载终端外部插口布局

## 五、车载终端的工作模式

1. T-BOX 的工作模式

一般情况下，可将 T-BOX 的工作模式定义为以下 5 种：

（1）正常模式　指 T-BOX 各模块均处于正常供电，各项功能均正常工作的模式。例如在车辆行驶、充电等工况下。

（2）休眠模式　指 T-BOX 各个主要模块均退出了工作状态，只有本地的唤醒检测电路处于工作状态。当车辆处于长时间下电且不需要远程唤醒时，一般处于该工作模式。

（3）待机模式　指 T-BOX 的远程通信模块处于待机状态，可被远程唤醒，其他模块均处于关机或休眠状态。例如具有远程唤醒功能的车辆，在长时间下电后，处于该工作模式。

（4）电池模式　指 T-BOX 的主电源因为异常等情况处于断开状态，T-BOX 切换到电池供电模式。当车辆发生严重碰撞事故时，主电源被异常断开，T-BOX 会进入该工作模式。

（5）仓储模式 指 T-BOX 所有模块均处于关机状态，重新上电才能进入正常工作模式。

2. 工作模式间的切换

T-BOX 可在上述 5 种典型的工作模式之间进行切换，如图 2-6 所示。

3. 典型技术指标

在上述 5 种工作模式中，T-BOX 典型的平均电流、工作状态及唤醒时间见表 2-1。其中，平均电流是指以 T-BOX 工作在 12V 的车载电源系统下的情况为例。

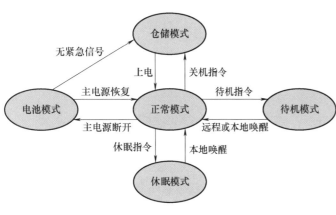

图 2-6　T-BOX 工作模式间的切换

表 2-1　T-BOX 典型的平均电流、工作状态及唤醒时间

| 序号 | 模式 | 平均电流 | 工作状态 | 唤醒时间 |
|---|---|---|---|---|
| 1 | 正常模式 | <150mA | WAN 打开（空闲）<br>Wi-Fi 打开（空闲） | — |
| 2 | 电池模式 | <150mA | WAN 打开（空闲）<br>Wi-Fi 打开（空闲） | — |
| 3 | 待机模式 | <3mA | WAN 休眠<br>（可接收短消息和电话）<br>Wi-Fi 打开（空闲） | <100ms |
| 4 | 休眠模式 | <1mA | WAN 打开（关闭）<br>Wi-Fi 打开（关闭） | <200ms |
| 5 | 仓储模式 | 10μA | 关机状态 | <200ms |

## 六、车载终端的组成

### 1. 蜂窝通信模块

蜂窝通信模块的作用是建立与广域网的通信，与车联网后台进行数据交互。

### 2. eSIM 卡

蜂窝通信模块需要配套使用移动通信卡，就像手机的 SIM 卡一样。车载终端一般选择贴片封装形式的 eSIM 卡，焊接在车载终端的印制电路板上。

eSIM 卡就是将传统 SIM 卡直接嵌入设备芯片上，而不是作为独立的可移除零部件加入设备中，用户无须插入物理 SIM 卡，这一做法将允许用户更加灵活地选择运营商套餐，或者在无须解锁设备、购买新设备的前提下随时更换运营商。

### 3. 微处理器（MPU）

微处理器用来运行智能车载终端的应用层软件，需要具有较高的性能。一般选用车规级 ARM 芯片运行 Linux 等操作系统。在智能车载终端中，通常 MPU 的职责如下：

1）采集车辆及车载终端内部各传感器的数据。

2）将数据进行组包、加密，并通过蜂窝通信模块将数据发给车联网后台。

3）接收车联网后台等途径传输的远程命令，进行解密、拆包并进行数据处理。

4）处理蓝牙、Wi-Fi、车辆总线等途径通信数据。

5）将数据存储到内部存储器，包括 eMMC 或 SD 卡。

6）采集 GNSS 模块的定位数据，必要时需要进行差分包的传输，得到高精度定位数据。

7）提供 USB 插口，与车机通信。

8）提供车载以太网接口，必要时连接车载以太网交换机，实现多路车载以太网通信。

9）与 MCU 通信，获取车辆底层总线数据，并实现相关诊断、控制功能。

在某些低成本、集成度高的车载终端设计方案中，蜂窝通信模组提供 OpenLinux 功能，可以供开发者当成 MPU 使用。

### 4. 微控制器（MCU）

与 MPU 的高性能要求不同，MCU 主要对接车辆网络，满足高可靠性、高实时性要求。MCU 的主要作用如下：

1）连接 CAN 总线等车辆内部网络，具有不丢帧、低时延的通信能力。

2）采集参数并传输给 MPU，响应车辆控制相关指令。

3）实现统一诊断服务（UDS）等诊断协议栈。

4）实现控制器刷写的策略。

5）实现加速度传感器（G-Sensor）等外部唤醒信号采集。

6）实现车辆网络对车载终端节点的网络管理要求。

7）实现车载终端内部电源管理要求。

### 5. 全球导航卫星系统（Global Navigation Satellite System，GNSS）定位模块

GNSS 定位模块用来获取车辆时间、车速、经度、纬度、航向、海拔等数据。目前主流的定位技术为 GPS、北斗、GLONASS 等，国内常见的为 GPS、北斗双模定位模块。在某些低成本、集成度高的车载终端设计方案中，蜂窝通信模组集成了基本的 GNSS 功能。

在高精度定位应用中，通信模块通过网络接收来自基准站或地基设备采集到的差分包（网络差分），然后传输给 GNSS 定位模块，由 GNSS 定位模块进行数据解算，得到高精度的定位数据。差分定位目前主要有以下两种技术：

1）载波相位差分技术：可以达到厘米级定位精度。

2）实时伪距差分技术：可以达到亚米级定位精度。

### 6. CAN 收发器

CAN 通信中，CAN 收发器可在控制器局域网（CAN）协议控制器和物理双线式 CAN 总线之间提供接口。

### 7. 备用电池

备用电池主要作用于以下 3 个场景：

1）当车辆出现碰撞等严重事故时，即使车辆的供电已经断开，智能车载终端依然能支持紧急呼叫等相关功能。

2）新能源汽车在车辆供电异常断开后，车载终端仍可独立运行，且至少保障外部供电断开前 10min 的数据上传到企业平台。

3）在一些商用车的车辆租赁应用中，为了防止车载终端被拆除，在车辆电源切断后，车载终端仍可以给车联网后台发送报警信息。

以金属氢化物镍蓄电池为例，对备用电池的一般要求如下：

1）容量 ≥ 450mA·h。

2）选用至少为工规级产品。

3）常见品牌有 VARTA、FDK、松下等。

### 8. 存储器

存储器主要用于存储车辆运行状态数据，在进行车载终端及车辆控制器的远程升级时，可用于存储升级文件。

在新能源汽车上，车载终端需按照不超过 30s 的时间间隔将采集到的车辆数据保存在存储介质中，当出现相关报警或故障时，需要按照不超过 1s 的时间间隔存储车辆运行状态的实时数据。存储器的具体要求还有：

1）存储容量应至少满足 7 天的实时数据存储要求，常见的有 4GB、8GB 容量。

2）存储的数据应具有可读性，可以通过车机、Wi-Fi 等方式复制、读取。

3）车载终端断电后，应保证数据不丢失。

4）通常采用 eMMC 或 SD 卡作为存储介质，常见品牌有镁光、三星、东芝等。

### 9. 安全芯片（SE）

安全芯片是可信任硬件模块，内含安全微处理器芯片，遵照安全需求和指南，承载智能车载终端应用及其数据的机密和加密学功能（如密钥管理机制），为智能车载终端解决安全存储、加解密运算、安全启动等需求。

### 10. 加速度传感器（G-Sensor）

加速度传感器主要用于惯导定位技术，同时可以测量车辆冲击与振动，从而实现碰撞检测。一般采用三轴加速度传感器，某些应用场景会使用六轴传感器，即三轴加速度传感器与三轴陀螺仪结合。加速度传感器支持各项动态加速度的量程设置，支持休眠及自动唤醒。

### 11. USB 插口

安装在汽车里面的车载信息娱乐产品简称为车机，智能车载终端的 USB 插口用于连接车机。车机系统安装相关驱动（CDC-ECM）后，就可以通过车载终端连接到后台网络和外部互联网。车机也可以和车载终端进行通信，实现数据交互。

### 12. 实时时钟（RTC）模块

RTC 模块通常采用 RTC 来提供可靠的系统时间，包括时分秒和年月日等，而且要求在系统处于关机状态下它也能够正常工作，并具备设定时间参数实现定时唤醒智能车载终端的功能。

### 13. V2X 通信模块

在未来的车辆网联化发展过程中，很多厂商会考虑将 V2X 的通信模块设计到智能车载终端中，使车载终端真正作为车内网、车际网、车与互联网的通信网关。

## ▣ ┃任务准备

## 一、工具设备介绍

| 子任务模块 | 设备及工具 |
| --- | --- |
| 车载终端实物功能认知 | 车载终端 |

## 二、实操预演

步骤一：依次认识蜂窝通信模块、eSIM 卡、微处理器、微控制器、全球导航卫星系统定位模块、CAN 收发器、备用电池、存储器、加速度传感器。

步骤二：描述各个组成部分的作用和功能特点。

## ✎ |任务实施

能够理解车载终端的相关概念、组成和特点，加深对车载终端的认识。车载终端设备的品牌和型号有很多，本次任务选用福田智科的 ZKC02B 车载终端设备。如果实训设备充足，可直接进行基于实物的实训。如果不具备基于实物的实训条件，可应用车模开展实训。

## 一、前期准备

1）准备好学生实训的车载终端。

2）准备好学生实训的工单。

## 二、实操演练

认知车载终端实物功能

| 实施步骤 | 使用工具 | 图示 | 操作要点 |
|---|---|---|---|
| 1. 准备好车载终端设备 | | | 将车载终端平放在实训桌上 |
| 2. 了解车载终端的面板结构 | 车载终端 | <br>● 液晶屏：点阵式液晶屏，显示车辆和终端信息。<br>● 按键：【菜单】、【▲】、【▼】、【确定】，用于操作主机。<br>● USB 插口：插入 U 盘，进行存储数据的导出和本地升级。<br>● TF 卡插口：用于存储大量的音频和图像数据。<br>● RS232 插口：用于终端调试连接计算机。<br>● 驾驶人卡插槽：用于驾驶人登录时插入驾驶人卡。<br>● 打印机：内嵌热敏打印机，用户可随时打印车辆信息、驾驶人信息、停车前 15min 内每分钟的平均车速、停车时间和超时驾驶记录等行驶记录数据。 | 按照图示完成车载终端面板的认知 |

（续）

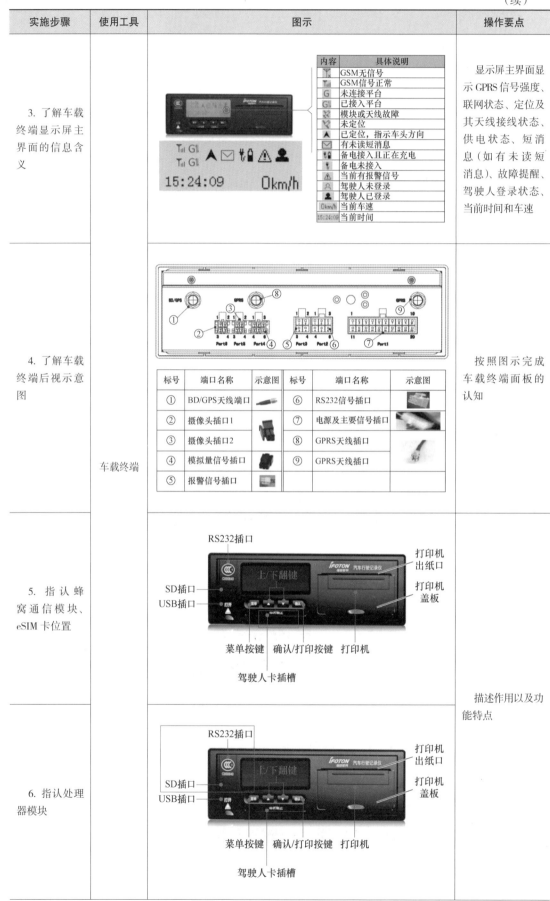

| 实施步骤 | 使用工具 | 图示 | 操作要点 |
|---|---|---|---|
| 3. 了解车载终端显示屏主界面的信息含义 | | | 显示屏主界面显示GPRS信号强度、联网状态、定位及其天线接线状态、供电状态、短消息（如有未读短消息）、故障提醒、驾驶人登录状态、当前时间和车速 |
| 4. 了解车载终端后视示意图 | 车载终端 | | 按照图示完成车载终端面板的认知 |
| 5. 指认蜂窝通信模块、eSIM卡位置 | | | 描述作用以及功能特点 |
| 6. 指认处理器模块 | | | |

(续)

| 实施步骤 | 使用工具 | 图示 | 操作要点 |
|---|---|---|---|
| 7. 指认打印模块 | 车载终端 | 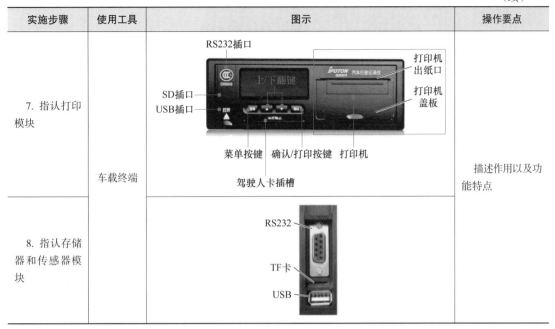 | 描述作用以及功能特点 |
| 8. 指认存储器和传感器模块 | | | |

检测评价

认知车载终端实物功能实操评分表

学生姓名：_____  学生学号：_____  操作用时：_____分钟

| 序号 | 作业内容 | 配分 | 作业项目 | 分值 | 扣分 | 备注 |
|---|---|---|---|---|---|---|
| 1 | 准备车载终端设备 | 30 | □从实训箱安全将车载设备拿出 | 15 | | |
| | | | □将车载终端平放在实训桌上 | 15 | | |
| 2 | 指认各个组成模块 | 35 | □指认蜂窝通信模块、eSIM 卡位置 | 5 | | |
| | | | □指认处理器模块 | 5 | | |
| | | | □指认控制器模块 | 5 | | |
| | | | □指认打印模块 | 5 | | |
| | | | □指认 CAN 收发器模块 | 5 | | |
| | | | □指认电池模块 | 5 | | |
| | | | □指认存储器和传感器模块 | 5 | | 若有未完成的项目，根据情况酌情扣分 |
| 3 | 描述各个组成部分的作用和功能特点 | 35 | □描述蜂窝通信模块作用和功能 | 5 | | |
| | | | □描述处理器模块作用和功能 | 5 | | |
| | | | □描述控制器模块作用和功能 | 5 | | |
| | | | □描述打印模块作用和功能 | 5 | | |
| | | | □描述 CAN 收发器模块作用和功能 | 5 | | |
| | | | □描述电池模块作用和功能 | 5 | | |
| | | | □描述存储器和传感器模块作用和功能 | 5 | | |
| 合　计 | | | | 100 | | |

考核成绩：_____  教师签字：_____

## 任务小结

本任务内容主要是对车载终端的相关概念、类型以及组成进行了介绍，让读者对车载终端有一个清晰的认知，本任务主要内容思维导图如图 2-7 所示。

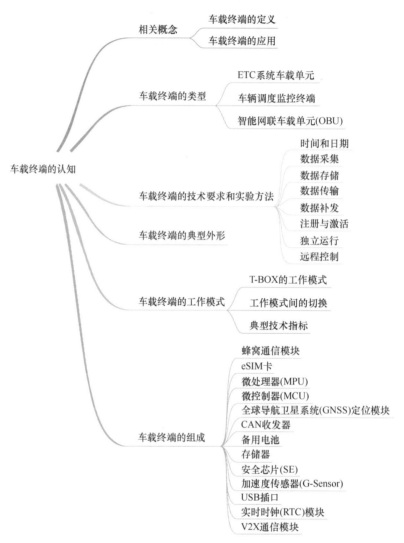

图 2-7 本任务主要内容思维导图

## 任务工单

学生姓名：_____ 组别：_____ 实训日期：_____

**一、任务描述**

作为一名智能网联汽车的运行维护人员，在进行运维前需要了解车载终端的组成，你能完成此任务吗？

**二、任务准备**

1. 实训准备

车载终端实物功能认知：多媒体实训室一间；计算机 50 台；每台计算机事先安装浏览器；车载终端设备。

2. 知识准备

1）简答题。

① 什么是车载终端?

② T-BOX 的工作模式是什么?

2）填空题。

① 车载终端的类型有_____、_____、_____。

② 车载终端的工作模式有 5 种，分别是_____、_____、_____、_____与_____。

3）选择题。

①（　　）指 T-BOX 各个主要模块均退出了工作状态，只有本地的唤醒检测电路处于工作状态。当车辆处于长时间下电且不需要远程唤醒时，一般处于该工作模式。

A. 正常模式　　　　B. 休眠模式　　　　C. 待机模式　　　　D. 仓储模式

② 以下属于车载终端模式的是（　　）。

A. 起动模式　　　　B. 关机模式　　　　C. 待机模式　　　　D. 等待模式

### 三、任务要求

完成车载终端实物功能认知。

### 四、任务实施

完成车载终端实物功能认知实训，将实训步骤写在下面:

_____

_____

_____

_____

### 五、任务总结

请你总结此次任务中有哪些收获? 有哪些地方需要进行自我改进?

1）主要收获: _____

_____

2）自我改进: _____

_____

### 六、任务评价

| 评分项目 | 知识能力<br>（25分） | 实践能力<br>（25分） | 职业素养<br>（25分） | 工作规范 6S<br>（25分） | 总评 |
|---|---|---|---|---|---|
| 自我评定 | | | | | |
| 小组评定 | | | | | |
| 教师评定 | | | | | |
| 合计得分 | | | | | |

# 任务二　车载终端的安装调试

## ✓ | 任务导入

随着智能网联汽车的快速发展，技术和设备在不断迭代更新，厂家为了更好地驾驶与安全，决定对汽车进行升级。小马作为厂商技术人员，需要对车上的一些终端设备进行制造、加装及调试。如果你是小马，你会如何对车载终端进行安装调试呢？

## 🖥 | 任务分析

完成本次任务，首先要对车载终端有一定的认知，通过对"任务资讯"的学习，达到如下所列的知识目标、技能目标和素养目标的要求。

| | |
|---|---|
| 知识目标 | 1. 掌握车载终端的结构。<br>2. 了解车载终端各个模块的主要功能。 |
| 技能目标 | 1. 具有安装车载终端设备的能力。<br>2. 具有调试车载终端设备的能力。 |
| 素养目标 | 1. 培养学生的综合学习能力。<br>2. 培养学生的工匠精神。 |

## ◀ | 任务资讯

### 一、ZKC02B车载终端结构的认知

1. 车载终端前面板简介

为方便驾驶人及安装维修人员使用车载终端，在车载终端前部布置有前面板，包括液晶屏、插接口、按键和打印机等，图2-8所示即为ZKC02B车载终端前面板。

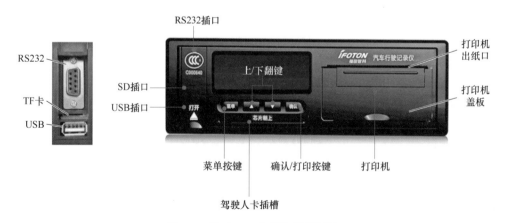

图2-8　ZKC02B车载终端前面板

（1）液晶屏　点阵式液晶屏，显示车辆和终端信息。

（2）按键　【菜单】、【▲】、【▼】、【确定】，用于操作主机。

（3）USB 插口　插入 U 盘，进行存储数据的导出和本地升级。

（4）TF 卡插口　用于存储大量的音频和图像数据。

（5）RS232 插口　用于终端调试连接计算机。

（6）驾驶人卡插槽　用于驾驶人登录时插入驾驶人卡。

（7）打印机　内嵌热敏打印机，用户可随时打印车辆信息、驾驶人信息、停车前 15min 内每分钟的平均车速、停车时间和超时驾驶记录等行驶记录数据。

2. 按键功能

为方便驾驶人及安装维修人员使用车载终端，上面设置有各个按键，下面依次对按键使用功能进行介绍。

（1）菜单键　用于菜单界面的进入和退出；用于返回上级菜单。

（2）上 / 下三角键　在列表中用于选中上 / 下行；在输入数字时，用于当前数字加 / 减；在显示页面用于向上 / 下翻页；在主菜单，用于查看各功能工作状态。

（3）确定键　用于进入下级菜单；在输入信息时，用于向右移位，在最后一位，用于确认输入内容；用于操作确认。

（4）打印快捷键　长按确定键 3~5s，可直接打印。

（5）重启快捷键　按住菜单键、上三角键，再按一下确定键，车载终端重启。

3. 显示信息

显示屏主界面如图 2-9 所示，显示信号强度、联网状态、定位及其天线接线状态、供电状态、短消息（如有未读短消息）、故障提醒、驾驶人登录状态内容、当前时间和车速等。

| 内容 | 具体说明 |
|---|---|
| 📶x | GSM无信号 |
| 📶 | GSM信号正常 |
| G | 未连接平台 |
| G‖ | 已接入平台 |
| ✕ | 模块或天线故障 |
| ✕ | 未定位 |
| ▲ | 已定位，指示车头方向 |
| ✉ | 有未读短消息 |
| 🔋 | 备电接入且正在充电 |
| 🔋 | 备电未接入 |
| ⚠ | 当前有报警信号 |
| ⚥ | 驾驶人未登录 |
| 👤 | 驾驶人已登录 |
| 0km/h | 当前车速 |
| 15:24:09 | 当前时间 |

图 2-9　显示屏主界面

## 二、车载终端的主要功能

1. 数据采集和存储

T-BOX 通过 CAN 网络进行数据采集，主要对整车信息、驱动电机信息、燃料电池信息、发动机数据、车辆位置信息等数据进行采集并解析。采集信息后，T-BOX 按照最大不超过 30s 的时间间隔，将采集到的实时数据保存在内部存储介质中，若出现 3 级报警，其会按照最大不超过 1s 的时间间隔保存。某些采集的信息经过处理会集中显示在车载终端的显示屏上，提升用户体验。具体可采集信息内容如下：

（1）采集车辆速度　采集车速，记录并上传监控平台。

（2）采集车辆开关量信号　采集车辆的远光灯、近光灯、左转向灯、右转向灯、制动灯等开关量信息，记录并上传监控平台。

（3）采集车辆 CAN 总线数据　支持通过 CAN 总线采集车辆配置信息、车辆运行信息，并上传至监控中心。

（4）采集驾驶人信息　具有对驾驶人身份进行采集、识别和记录的功能。

2. 定位功能

（1）定时上传　终端定时向监控平台上传车辆位置、状态和速度等信息。

（2）盲区补传　在无线网络信号中断时，终端自动存储数据；信号恢复时，自动补报信息。

（3）实时查询　监控中心"点名"查询某车辆的位置信息，车载终端立即上报当前的位置信息。

3. 通信功能

（1）数据通信　支持以 GPRS 方式和 SMS 方式传输数据信息。

（2）监听　遇到危险时，可通过人工报警，进入关闭车内语音功能的单向监听状态。

4. 远程查询和控制

用户可以通过手机 APP 实现远程车辆状态查询，例如查询车辆燃油比例、车窗车门关闭状态、行驶里程等；还可以控制车门开关、鸣笛闪灯、空调的开启、发动机的起动、车辆定位等。其运行流程是，首先用户通过 APP 发送命令给 TSP 后台，TSP 后台发出监控请求指令到车载 T-BOX，车辆获取控制命令后，通过 CAN 总线发送控制报文并实现对车辆的控制，最后反馈操作结果到用户的手机 APP 上。

5. 行驶记录

（1）事故疑点记录　以 0.2s 的间隔记录并存储停车前 20s 的行驶速度值及车辆状态信息，如制动、左转向灯、右转向灯、远光灯、近光灯和前门的状态。

（2）速度记录　记录最近 360h 的行驶过程中每分钟的平均行驶速度值。

6. 报警与提醒

（1）人工报警　遇到危险时，通过触发隐蔽安装的报警按钮，使车载终端进入"监听"状态，通知监控中心或电话接听人员。

（2）超速提醒　当车辆将要超速或已经超速时，终端通过语音方式提醒驾驶人并上传监控中心。

（3）驾驶人未登录提醒　当驾驶人未在设定时间内插入驾驶人卡时，终端通过语音方式提醒驾驶人并上传监控中心。

（4）疲劳驾驶提醒　当某驾驶人连续驾驶时间超过设定时间时，终端通过语音方式提示驾驶人停车休息，并上传监控中心。

（5）速度状态异常提醒　当车辆速度与 GPS 车速误差较大时，终端通过语音方式提醒驾驶人并上传监控中心。

（6）碰撞提醒　当车辆受到强力碰撞时，终端向监控中心上传车辆状态及定位信息。

（7）侧翻提醒　当车辆侧翻时，终端向监控中心上传车辆状态及定位信息。

（8）电子围栏提醒　当车辆驶入或驶出设定区域时，终端通过语音方式提醒驾驶人并上传监控中心。

（9）终端故障提醒　终端主机及其外部设备工作异常时，终端会将故障信息上传监控中心。

### 7. 远程诊断

汽车在起动时，获知汽车的故障信息，并把故障信息上传至数据处理中心。系统在不打扰车主的情况下复检故障信息。在确定故障后，系统实施远程自动消除故障，无法消除的故障系统以短信方式发送给车主，使车主提前获知车辆存在的故障信息，防患于未然。远程诊断主要包含胎压监测系统、发动机管理系统、变速器控制系统、辅助保护系统等系统的自助诊断服务，能够及时反馈车辆状态（四门开关状态、行李舱开关状态、四门玻璃状态、发动机舱盖状态、驻车标志等）以及仪表板参数（燃油剩余量、剩余电量、可续驶里程、总里程、百公里油耗、车辆停放位置、机油油量报警等）。

### 8. 信息服务

（1）信息调度　终端可接收监控中心下发的信息，驾驶人可向监控中心回传应答信息，同时支持驾驶人主动上报信息。

（2）信息显示　终端可通过显示屏向驾驶人提示监控中心下发的调度、物流等信息。

（3）语音报读　终端可通过扬声器向驾驶人播报监控中心下发的调度、物流等信息。

（4）打印输出　终端内嵌热敏打印机，可随时打印车辆的行驶记录数据。

## 三、车载终端的安装与测试方法

### 1. 车载终端的安装

前装的安装，需要与主机厂确定安装位置，各类线束插口布线、散热、干扰方案，还要根据车型3D钣金图，设计对应的支架，固定位置，不同款式的车，安装的位置可能不一样，各厂家的标准也有不同，需要做长期的沟通和确认。

后装的安装，相对来说更加容易确定下来，除线束、散热和干扰方案都达标以外，基本是以稳定性好，不容易脱落、摇晃、松懈为准，能保证T-BOX正常稳定运行即可。天线的位置也是自由选择，因此比较简单，大多T-BOX厂商会提供对应车型安装的SOP文件。

### 2. 车载终端的测试

T-BOX测试有多种方式，主要是主机、软件、信号，分功能测试和性能测试。

1）主机的功能测试，可以采用模拟器、数据发生器等各类工具满足测试要求。

2）性能测试包括耐电压、阻抗、霜雾、跌落、EMC等各种实验室测试，可委托第三方实验室测试并出具测试报告。

## 📋 ┃ 任务准备

## 一、工具设备介绍

| 子任务模块 | 设备及工具 |
| --- | --- |
| 车载终端设备的安装 | 汽车（车模）、车载终端 |
| 车载终端设备的调试 | 计算机、车载终端、调试软件 |

## 二、实操预演

步骤一：正确安装车载终端设备。

步骤二：正确调试车载终端设备。

### ✅ | 任务实施

能够利用所学知识与技能完成车载终端设备的安装与调试，加深对车载终端设备的认识。车载终端设备的品牌和型号有很多，本次任务选用福田智科的 ZKC02B 车载终端设备。如果实训设备充足，可直接进行基于实物的实训。如果不具备基于实物的实训条件，可应用车模开展实训。

## 一、前期准备

1）准备好学生实训的汽车（车模）、车载终端、计算机、调试软件。

2）准备好学生实训的工单。

## 二、实操演练

1. GTL 车型车载终端设备的安装

不同车型由于设计、结构的不同，车载终端的安装位置也不尽相同。该车型车载终端安装于驾驶舱上部，需要拆卸内饰、安装布置天线、连接主机线束及安装主机，最后需要装回顶棚内饰。

| 实施步骤 | 使用工具 | 图示 | 操作要点 |
|---|---|---|---|
| 1. 拆卸内饰 | 汽车、车载终端 | 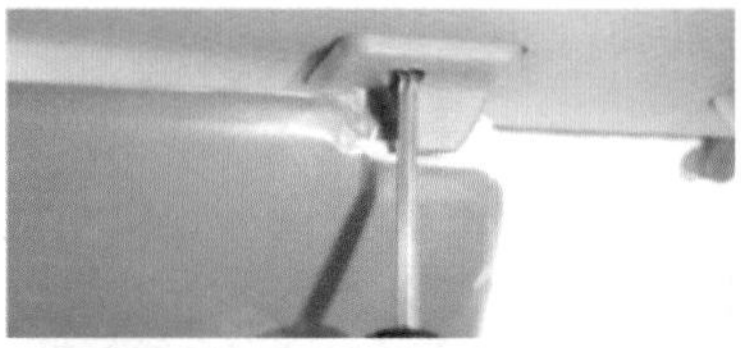 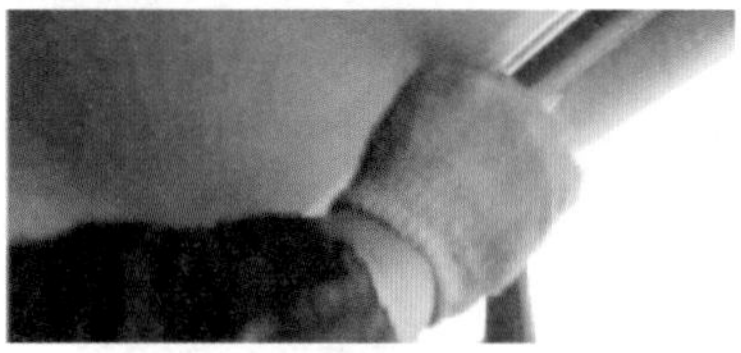 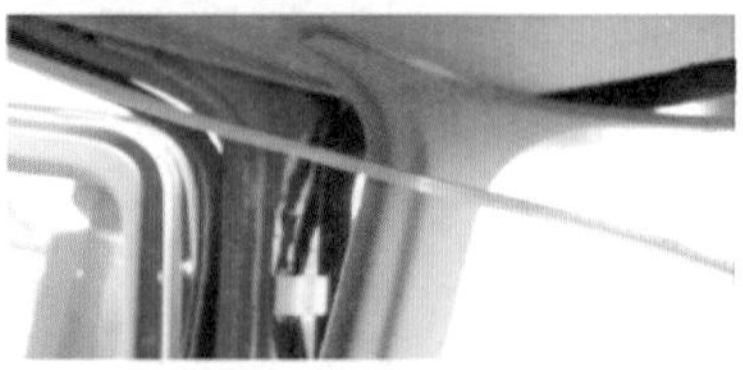 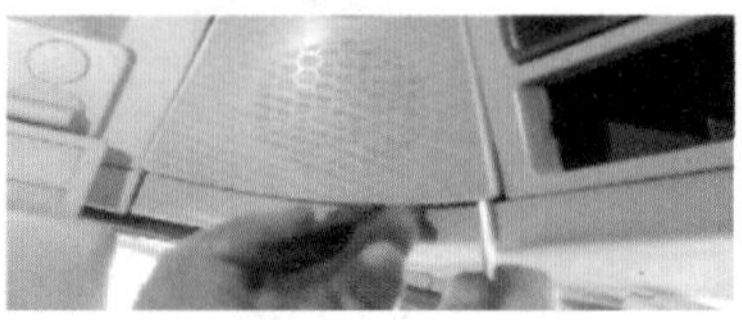 | 1）拆卸遮阳板：用十字螺丝刀拆卸遮阳板<br>2）拆卸导轨：用十字螺丝刀拧下导轨上的螺钉（注意：拆卸时千万别把导轨拉断）<br>3）拆卸扶手并撬开 A 柱：拉开密封条，拧下扶手螺钉，卸下 A 柱挡板（注意：A 柱挡板较难拆卸，切勿用蛮力）<br>4）拆卸终端主机和喇叭位置的内饰挡板 |

（续）

| 实施步骤 | 使用工具 | 图示 | 操作要点 |
|---|---|---|---|
| 2. 安装天线 | | 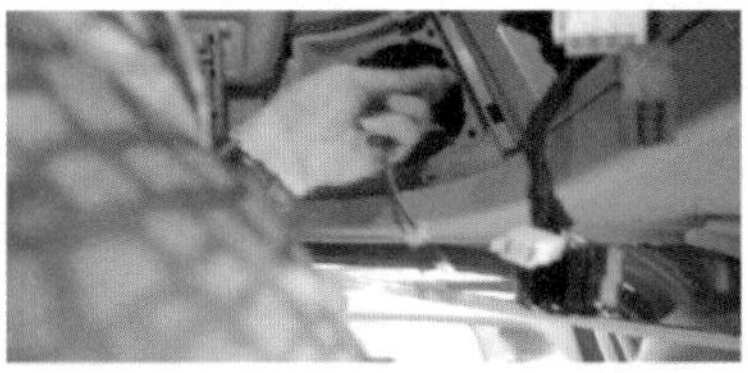  | 由于天线需要接收定位及通信信号，为保证良好的接收效果，需将天线接收装置安置于车外顶部。天线接收装置与车载终端间的线束经过 A 柱及喇叭口，需要妥善布置 |
| 3. 安装终端主机 | 汽车、车载终端 | 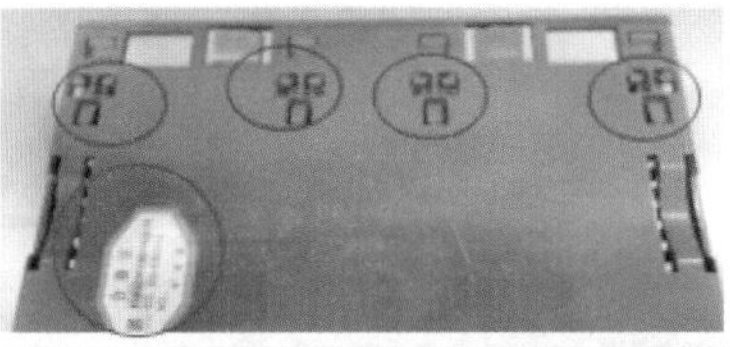  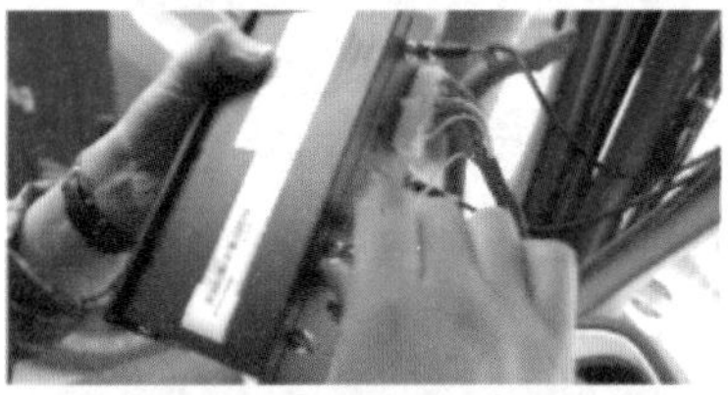  | 1）安装套筒：将套筒两面 8 个卡扣取下，合格证面向上，嵌入终端主机安装位置<br>2）连接主机线束：连接终端与天线，终端与车辆预装主机线束<br>3）安装主机：将终端推入安装位置，确认主机两侧卡簧卡接牢固（注意：面板围框不要卡住） |
| 4. 还原顶棚内饰 | |  | 检验终端可以正常工作后，把喇叭盖板、A 柱、窗帘导轨等原样复原，完成安装 |

### 2. ETX 车型车载终端设备的安装

该车型车载终端安装于驾驶舱上部顶柜位置，需要拆卸仪表板，安装布置天线，连接主机线束及安装主机，最后还原仪表板及内饰。

| 实施步骤 | 使用工具 | 图示 | 操作要点 |
|---|---|---|---|
| 1. 拆卸仪表板、A 柱、文件柜内饰盖板 | 汽车、车载终端 |    | 1）拆卸内饰盖板：用螺丝刀轻轻撬开主驾驶位上方的内饰盖板，由于盖板很脆，在拆卸过程中，注意不要把盖板撬坏<br>2）拆卸仪表板：先用十字螺丝刀拧下仪表板螺钉，再用一字螺丝刀撬开仪表板<br>3）拆卸密封条和 A 柱盖板：先用螺丝刀撬开螺母，再拆下密封条和 A 柱盖板<br>4）拆卸终端主机和喇叭位置的内饰挡板 |
| 2. 安装天线 | |  | 由于天线需要接收定位及通信信号，为保证良好的接收情况，需将天线接收装置安置于车外顶部。天线接收装置与车载终端间的线束经过仪表板下方及 A 柱，需要妥善布置 |
| 3. 安装终端主机 | |  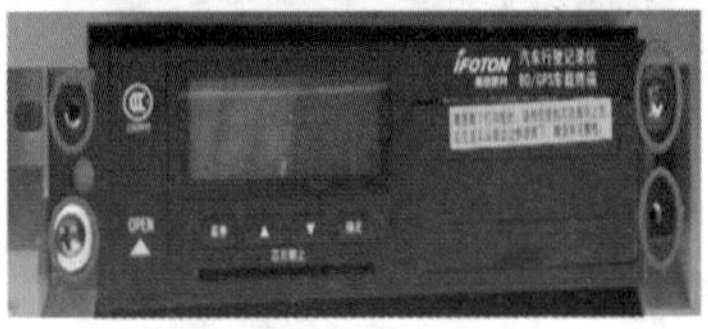 | 1）安装主机线：连接终端与天线，终端与车辆预装主机线束<br>2）安装紧固主机：将终端主机轻推入顶柜，减振柱对准对应位置，并用标准自攻螺钉紧固主机，将主机与车体紧固在一起，注意事项与 GTL 安装相同 |
| 4. 还原仪表板等 | |  | 检验终端可以正常工作后，把拆卸的内饰盖板、仪表板、A 柱等原样复原，完成安装 |

## 3. 车载终端设备的调试

| 实施步骤 | 使用工具 | 图示 | 操作要点 |
|---|---|---|---|
| 1. 连接计算机和终端 | 计算机、车载终端 |  | 打开终端的 USB 盖，将串口线插接到终端的串口上；串口线另一端接入计算机串口。也可用串口 -USB 线分别转接终端和计算机，计算机端需安装 USB 转串口驱动 |

（续）

| 实施步骤 | 使用工具 | 图示 | 操作要点 |
|---|---|---|---|
| 2. 运行调试软件 | 计算机、调试软件 | 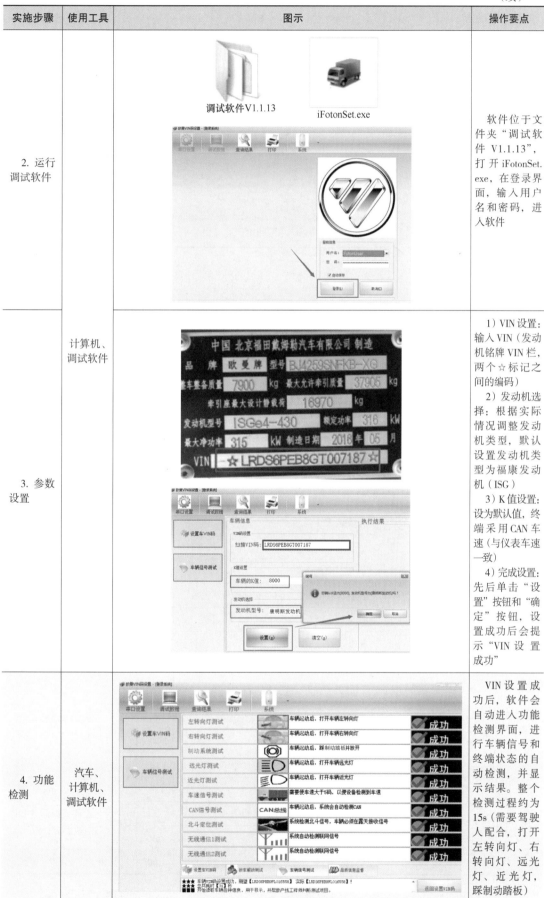 | 软件位于文件夹"调试软件 V1.1.13"，打开 iFotonSet.exe，在登录界面，输入用户名和密码，进入软件 |
| 3. 参数设置 | 计算机、调试软件 | | 1）VIN设置：输入 VIN（发动机铭牌 VIN栏，两个☆标记之间的编码）<br>2）发动机选择：根据实际情况调整发动机类型，默认设置发动机类型为福康发动机（ISG）<br>3）K值设置：设为默认值，终端采用 CAN 车速（与仪表车速一致）<br>4）完成设置：先后单击"设置"按钮和"确定"按钮，设置成功后会提示"VIN 设置成功" |
| 4. 功能检测 | 汽车、计算机、调试软件 | | VIN 设置成功后，软件会自动进入功能检测界面，进行车辆信号和终端状态的自动检测，并显示结果。整个检测过程约为15s（需要驾驶人配合，打开左转向灯、右转向灯、远光灯、近光灯，踩制动踏板） |

（续）

| 实施步骤 | 使用工具 | 图示 | 操作要点 |
|---|---|---|---|
| 5. 打印测试 | 汽车、计算机、调试软件、车载终端 | 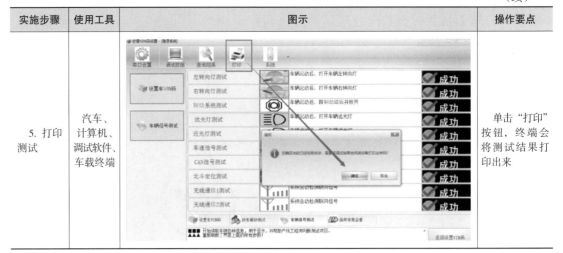 | 单击"打印"按钮，终端会将测试结果打印出来 |

检测评价

车载终端的安装调试实操评分表

学生姓名：_____　　学生学号：_____　　操作用时：_____分钟

| 序号 | 作业内容 | 配分 | 作业项目 | 分值 | 扣分 | 备注 |
|---|---|---|---|---|---|---|
| 1 | SIM 卡安装 | 15 | □准备车载终端设备 | 5 | | |
| | | | □找到 SIM 卡安装位置 | 5 | | |
| | | | □正确安装 SIM 卡 | 5 | | |
| 2 | GTL 车型车载终端设备的安装 | 20 | □拆卸内饰 | 5 | | |
| | | | □安装天线 | 5 | | |
| | | | □安装终端主机 | 5 | | |
| | | | □还原顶棚内饰 | 5 | | |
| 3 | ETX 车型车载终端设备的安装 | 20 | □拆卸仪表板、A 柱、文件柜内饰盖板 | 5 | | 若有未完成的项目，根据情况酌情扣分 |
| | | | □安装天线 | 5 | | |
| | | | □安装终端主机 | 5 | | |
| | | | □还原仪表板 | 5 | | |
| 4 | 车载终端设备的调试 | 30 | □开启计算机电源，打开计算机 | 5 | | |
| | | | □正确安装调试软件 | 5 | | |
| | | | □正确设置参数 | 10 | | |
| | | | □完成基本功能检测并打印测试结果 | 10 | | |
| 5 | 关闭虚拟仿真软件和计算机 | 15 | □关闭调试软件 | 5 | | 若未操作，现场考评员提醒并扣除对应项目分值 |
| | | | □关闭计算机后拔下计算机电源插头 | 5 | | |
| | | | □关闭车载终端并锁车 | 5 | | |
| 合 计 | | | | 100 | | |

考核成绩：_____　　　　教师签字：_____

## 任务小结

本任务内容主要对车载终端的结构、主要功能以及安装与测试方法进行了介绍，让读者对车载终端 T-BOX 有一个清晰的认知，本任务主要内容思维导图如图 2-10 所示。

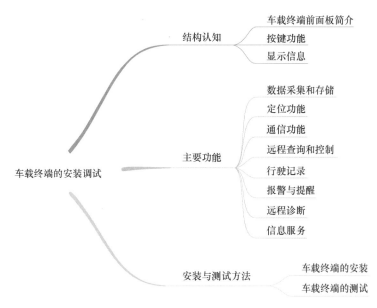

图 2-10  本任务主要内容思维导图

## 任务工单

学生姓名：_____       组别：_____       实训日期：_____

### 一、任务描述

作为一名车联网项目的设备维修人员，需要了解车载终端的组成以及车载终端的安装和调试，你能完成这些任务吗？

### 二、任务准备

1. 实训准备

1）车载终端设备的安装实训   实训室一间、汽车或者车模、车载终端、SIM 卡。

2）车载终端设备的调试实训   多媒体实训室一间、计算机 50 台、车载终端、调试软件。

2. 知识准备

1）填空题。

① T-BOX 可采集信息内容包括_____、_____、_____及_____等。

② T-BOX 测试有多种方式，分为_____和_____。

2）选择题。

① 下列（      ）是车载终端的英文简称。

A. ECU                    B. IOV                    C. RSU                    D. T-BOX

② 下列（      ）不是车载终端能够提供的功能。

A. 定位功能                         B. 绘图功能

C. 数据采集与存储                   D. 通信功能

3）简答题。

车载终端能够提供的功能有哪些？

### 三、任务要求

先完成车载终端设备的安装，再完成车载终端设备的调试。

### 四、任务实施

1）完成车载终端设备的安装实训，将实训步骤写在下面：

_____

_____

_____

_____

2）完成车载终端设备的调试实训，将实训步骤写在下面：

_____

_____

_____

_____

### 五、任务总结

请你总结此次任务中有哪些收获？有哪些地方需要进行自我改进？

1）主要收获：_____

_____

2）自我改进：_____

_____

### 六、任务评价

| 评分项目 | 知识能力<br>（25分） | 实践能力<br>（25分） | 职业素养<br>（25分） | 工作规范 6S<br>（25分） | 总评 |
|---|---|---|---|---|---|
| 自我评定 | | | | | |
| 小组评定 | | | | | |
| 教师评定 | | | | | |
| 合计得分 | | | | | |

# 项目三
## 路侧设备的装调与应用

### 项目引言

　　为与国际先进智能网联汽车技术水平保持同步发展，开发具有自主知识产权的智能网联汽车产品，积极推进行业亟需的智能网联汽车技术规范与标准的制定，在国家相关部委支持下，中国汽车工程学会联合汽车整车企业、科研院所、通信运营商、软硬件厂商等30多家单位共同发起成立了智能网联汽车产业技术创新战略联盟。联盟成立后，通过协同创新和技术共享，在智能网联汽车领域完善了相关的标准法规体系，搭建了共性技术平台，促进了形成示范试点工程，推动了建设可持续发展的智能网联汽车产业发展环境，为我国智能网联汽车产业发展奠定了良好的基础。

　　目前，我国L2级自动驾驶乘用车的市场渗透率达到15%，L3级自动驾驶车型已经在部分量产车型上配备。高精度摄像头、激光雷达等感知设备已达到国际先进水平，为多款主流车型供货。智能驾驶（MDC）计算平台、车规级AI芯片也在多个车型上进行装车应用。多地加快部署5G通信、路侧联网设备等基础设施，加大交通设备数字化改造力度，开展车路协同试点，支持企业进行载人载物示范应用，车路协同技术已经得到了快速发展和广泛应用。

　　路侧设备是车路协同系统的重要组成部分。在车路协同系统中，可以通过路侧设备感知路端车流量、获取车辆行驶速度、方位等信息，辅助智能汽车安全行驶。

# 任务一　路侧设备的认知

## ✅ ┃ 任务导入

目前，全国多个城市建设了车路协同应用示范区。有科创企业客户来示范区参观，你作为示范区讲解员，如何既生动又形象地让来访者快速了解示范区内的路侧设备技术及主要组成？

## 🖥 ┃ 任务分析

完成本次任务，首先要对路侧设备具有一定的了解，通过对"任务资讯"的学习，达到如下所列的知识目标、技能目标和素养目标的要求。

| | |
|---|---|
| 知识目标 | 1. 掌握路侧设备的组成。<br>2. 认知路侧设备的功能。 |
| 技能目标 | 1. 具有描述路侧设备的能力。<br>2. 具有描述路侧设备常见功能的能力。 |
| 素养目标 | 1. 培养学生的综合学习能力。<br>2. 培养学生的思维构建能力。 |

## 🔊 ┃ 任务资讯

### 一、路侧设备的基本组成

路侧设备是 V2X 中的一个重要部分，主要包括信号灯、激光雷达、摄像头、路侧单元，路侧系统的构成如图 3-1 所示。

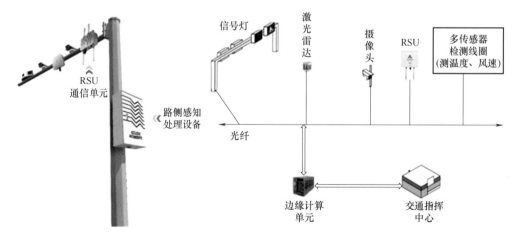

图 3-1　路侧系统的构成

## 二、路侧设备的常见功能

路侧系统负责采集交通流信息（如车流量、平均车速等）、道路异常信息、道路路面状况和道路几何状况等。

### 1. 交通信号灯

交通信号灯分为绿色、红色、黄色，绿灯表示可以通行，红灯表示禁止通行，黄灯表示警告。交通信号灯是指示车辆和行人有序通行、确保人车安全的重要标识，交通信号灯外观如图 3-2 所示。

### 2. 激光雷达

激光雷达是激光探测及测距系统的简称。它利用光波频段的电磁波先向目标发射探测信号，然后将接收的从目标反射回来的信号与发射信号进行比较，从而获得目标的距离、方位、运动状态等信息，激光雷达外观如图 3-3 所示。

图 3-2　交通信号灯外观

图 3-3　激光雷达外观

### 3. 摄像头

摄像头又称为计算机相机、计算机眼和电子眼等，可分为数字摄像头和模拟摄像头两大类。数字摄像头可以将视频采集设备产生的模拟视频信号转换成数字信号。模拟摄像头捕捉到的视频信号必须经过特定的视频捕捉卡将模拟信号转换成数字模式，并加以压缩后才可以运用，摄像头外观如图 3-4 所示。

### 4. 路侧单元（RSU）

RSU 在使用过程中与车载单元交互通信，采集车辆运行状态信息和道路状况信息等。路侧单元外观如图 3-5 所示。

图 3-4　摄像头外观

图 3-5　路侧单元外观

## 任务准备

### 一、工具设备介绍

| 子任务模块 | 设备及工具 |
| --- | --- |
| 路侧设备各组成结构功能的认知 | 路侧单元（RSU）、激光雷达、信号灯和摄像头单元实物 |

### 二、实操预演

步骤一：识别路侧设备实物。

步骤二：简要叙述路侧设备各组成结构的功能。

## 任务实施

能够识别路侧单元（RSU）、激光雷达、信号灯和摄像头等部件的组成结构，并能够根据实物说明其功能。

### 一、前期准备

准备好学生实训的路侧设备实物，包括路侧单元（RSU）、激光雷达、信号灯、摄像头。

### 二、实操演练

认知路侧设备各组成结构的功能

| 实施步骤 | 使用工具 | 图示 | 操作要点 |
| --- | --- | --- | --- |
| 1. 信号灯功能叙述 | 信号灯实物 |  | 能够识别设备，并能够叙述出其功能 |
| 2. 激光雷达功能叙述 | 激光雷达实物 |  | |

（续）

| 实施步骤 | 使用工具 | 图示 | 操作要点 |
|---|---|---|---|
| 3. 摄像头功能叙述 | 摄像头实物 |  | |
| 4. RSU 功能叙述 | 路侧单元实物 |  | 能够识别设备，并能够叙述出其功能 |

## 检测评价

认知路侧设备各组成结构的功能实操评分表

学生姓名：_____　　　学生学号：_____　　　操作用时：_____分钟

| 序号 | 作业内容 | 配分 | 作业项目 | 分值 | 扣分 | 备注 |
|---|---|---|---|---|---|---|
| 1 | 正确识别路侧设备各组成实物 | 20 | □正确识别 RSU | 5 | | 若有未完成的项目，根据情况酌情扣分 |
| | | | □正确识别激光雷达 | 5 | | |
| | | | □正确识别信号灯 | 5 | | |
| | | | □正确识别摄像头 | 5 | | |
| 2 | 叙述路侧设备各组成功能 | 80 | □正确叙述 RSU 的功能 | 20 | | 若未按照规定时间完成，根据情况酌情扣分 |
| | | | □正确叙述激光雷达的功能 | 20 | | |
| | | | □正确叙述信号灯的功能 | 20 | | |
| | | | □正确叙述摄像头的功能 | 20 | | |
| 合　计 | | | | 100 | | |

考核成绩：_____　　　教师签字：_____

**任务小结** ────────────────────────────────────────▶

　　本任务主要是对路侧设备的组成和结构的功能进行介绍，可以让读者对其功能有一个初步的认知，本任务主要内容思维导图如图3-6所示。

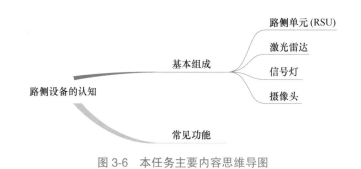

图 3-6　本任务主要内容思维导图

**任务工单** ────────────────────────────────────────▶

学生姓名：＿＿＿＿＿＿　　　　组别：＿＿＿＿＿＿　　　　实训日期：＿＿＿＿＿＿

**一、任务描述**

　　作为一名车路协同试验基地示范区讲解员，在参观者来访时要能够详细介绍路侧设备的组成结构和功能，你能完成此任务吗？

**二、任务准备**

1. 实训准备

车路协同路侧设备理实一体教室一间；路侧单元（RSU）、激光雷达、信号灯、摄像头等设备4~8套、工作台4~8个；将全班学生分成4~8个小组。

2. 知识准备

1）填写下图中各路侧设备的名称。

① ＿＿＿＿＿＿＿＿＿＿＿；　② ＿＿＿＿＿＿＿＿＿＿＿；　③ ＿＿＿＿＿＿＿＿＿＿＿；

④ ＿＿＿＿＿＿＿＿＿＿＿。

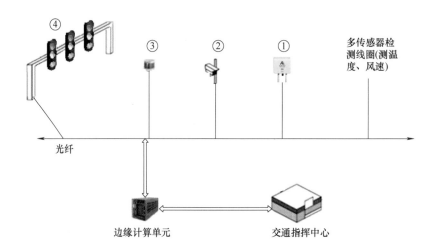

2) 简单叙述路侧单元（RSU）的功能。

_____

_____

_____

### 三、任务要求

快速识别路侧设备的各组成结构，并可叙述出其功能。

### 四、任务实施

完成路侧设备的认知，并进行功能叙述，由小组成员在下方记录错误点：

_____

_____

_____

_____

### 五、任务总结

请你总结此次任务中有哪些收获？有哪些地方需要进行自我改进？

1）主要收获：_____

_____

2）自我改进：_____

_____

### 六、任务评价

| 评分项目 | 知识能力<br>（25分） | 实践能力<br>（25分） | 职业素养<br>（25分） | 工作规范 6S<br>（25分） | 总评 |
|---|---|---|---|---|---|
| 自我评定 | | | | | |
| 小组评定 | | | | | |
| 教师评定 | | | | | |
| 合计得分 | | | | | |

# 任务二　路侧设备的安装调试

✓｜任务导入

　　来访者在经过你的介绍后已经初步了解了路侧设备技术及其主要组成和功能，但对于这些组成如何安装及如何确保安装后能够正常运行抱有足够的好奇心。那么你会怎样介绍并满足他们的好奇心呢？

🚌 💡 🔍 ✏️

### 💻 | 任务分析

完成本次任务，首先要对路侧设备具有一定的了解，通过对"任务资讯"的学习，达到如下所列的知识目标、技能目标和素养目标的要求。

| 知识目标 | 1. 掌握信号灯、激光雷达、摄像头和 RSU 的安装方法。<br>2. 掌握信号灯、激光雷达、摄像头和 RSU 的调试方法。 |
| --- | --- |
| 技能目标 | 1. 能够进行信号灯、激光雷达、摄像头和 RSU 的安装。<br>2. 能够进行信号灯、激光雷达、摄像头和 RSU 的调试。 |
| 素养目标 | 1. 树立安全操作意识。<br>2. 培养团队协作能力。 |

### 🔊 | 任务资讯

## 一、交通信号灯的安装调试

### 1. 交通信号灯的安装

交通信号灯通过滑动螺栓、抱箍等连接配件固定于杆件上，采用悬臂式安装时须保证距离路面 5.2m 以上，交通信号灯安装示意图如图 3-7 所示。

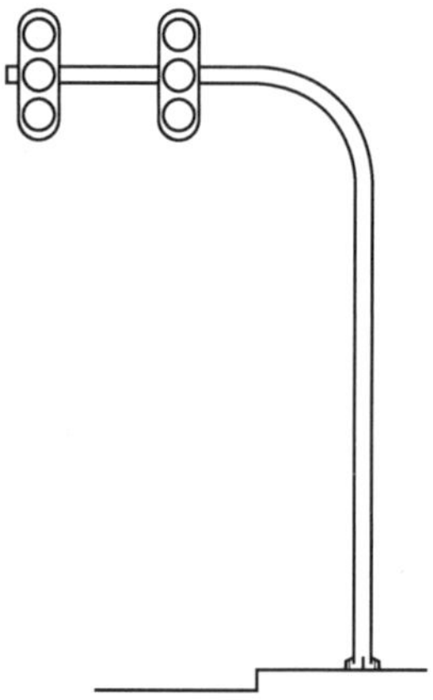

交通信号灯装好后应对信号灯的可视最佳角度、高度等进行检查、调整，使之达到规定的要求。

### 2. 交通信号灯的调试

交通信号灯及控制设备安装完毕后，通电使灯亮起来，并利用计算机软件设计要求调控交通信号灯控制设备，使交通信号灯按设计要求运行。

## 二、激光雷达的安装调试

图 3-7　交通信号灯
安装示意图

### 1. 激光雷达的安装

路侧激光雷达在安装部署时主要考虑两个场景：城市道路和高速公路。城市道路交叉口，采用对角线布置的两台基于路侧的 3D 雷达，能实时准确地识别行人、非机动车等弱势交通群体的行为状态。在高速公路端，可以将激光雷达布设在高速公路出入口处及事故多发地段，可以对周边区域一定半径范围内的信息进行实时采集。

实际操作时，需要按照激光雷达的覆盖面积计算激光雷达在场景的安装数量，同时根据场景需要决定激光雷达的安装方式。激光雷达安装示意图如图 3-8 所示。

### 2. 激光雷达的调试

激光雷达工作时，每一组采样数据都通过通信接口输出。输出的数据具有统一的报文格式。外部系统可以通过请求、停止等指令控制激光雷达的输出数据或者对其格式进行配置。应用设备和调试软件连接激光雷达，可以获得雷达的实时数据点云图、实时数据流等参数，通过观察这些数据采集的情况，可以明确安装、通信、标定等步骤是否准确完成。禾赛激光雷达点云图如图 3-9 所示。

## 三、摄像头的安装调试

### 1. 摄像头的安装和接线步骤

1）将抱柱安装支架固定于横杆上，将装有摄像头的护罩固定于支架上。

2）卸下镜头接头盖，旋进镜头并拧紧，直至牢固。若要使用 C 形接口镜头，需使用附带的 C 形装配转接器。

3）将镜头控制线插头插入摄像头自动光圈镜头插座。

4）取出护罩中的固定底板，用螺钉将摄像头固定于底板上。将底板和摄像头固定在护罩内。

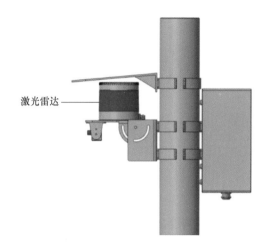

图 3-8　激光雷达安装示意图

图 3-9　禾赛激光雷达点云图

5）将底板和摄像头固定在护罩内，调节镜头焦距并进行聚焦，将相应的连接线与摄像头接好并从护罩的底部孔位处穿出。

6）调整好后固定调节螺钉，并关上护罩，锁紧螺钉。

摄像头安装示意图如图 3-10 所示。

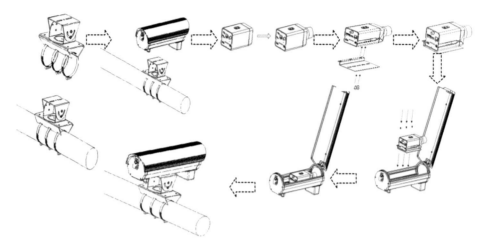

图 3-10  摄像头安装示意图

2. 摄像头的调试

用便携式计算机通过网线连接设备箱内的交换机，或直接将摄像头网线插入计算机网口。在通过网络访问网络摄像头之前，首先需要获取它的 IP 地址，用户可以通过设备网络自动搜索软件（SADP 软件）来搜索网络摄像头的 IP 地址。

运行随机光盘里面的 SADP 软件，单击"进入"（图 3-11），软件会自动显示出当前局域网中正在运行的网络摄像头的 IP 地址、端口号、子网掩码、设备序列号以及软件版本等信息，如图 3-12 所示。

若搜索出来的 IP 地址和计算机的 IP 地址不在同一网段，可以通过 SADP 软件修改网络摄像头的 IP 地址、子网掩码和端口号等参数。

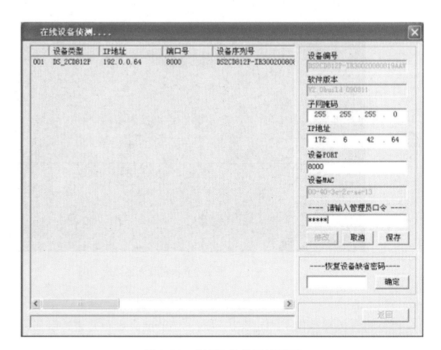

图 3-11  SADP 软件"进入"界面          图 3-12  SADP 软件显示界面

在 SADP 软件中，选择要修改的设备，单击"修改"，然后输入新的 IP 地址、子网掩码、端口号以及管理员口令，默认是 12345，单击"保存"，即可修改设备的 IP 地址。

网络摄像头出厂默认 IP 为"192.0.0.64"，端口为"8000"，超级用户为"admin"，用户密码为"12345"。按照施工相关文档的要求修改 IP 地址，填入后单击"保存"即可，然后通过网页或客户端软件进行相关功能的配置和参数设置。

## 四、路侧单元RSU的安装（以华为RSU5201为例）

### 1. RSU 的介绍

（1）RSU 设备外观　图 3-13 所示为华为 RSU5201 设备外观。

（2）RSU 设备面板图　RSU 设备面板如图 3-14 所示。

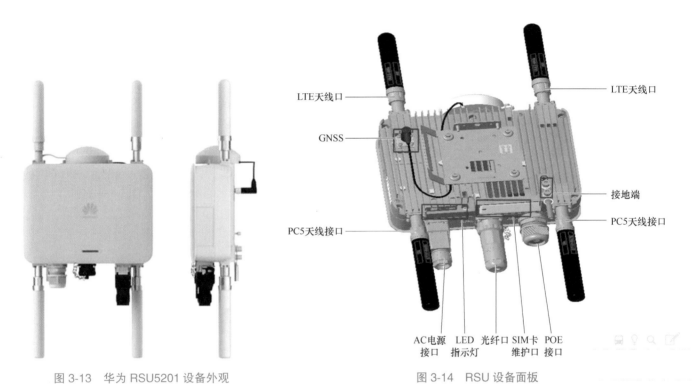

图 3-13　华为 RSU5201 设备外观　　　　　　　图 3-14　RSU 设备面板

RSU 接口说明见表 3-1。

表 3-1　RSU 接口说明

| 序号 | 接口类型 | 说明 |
| --- | --- | --- |
| 1 | LTE 天线口 | 用于连接外置 LTE 天线 |
| 2 | 接地端 | 用于连接接地线 |
| 3 | PC5 天线接口 | 用于连接外置 PC5 口天线 |
| 4 | POE 接口 | POE 供电接口，插入网线 |
| 5 | SIM 卡维护口 | 内含 SIM 卡插槽，用于安装 SIM 卡 |
| 6 | 光纤口 | 用于光纤组网场景下的光模块和光纤插入 |
| 7 | LED 指示灯 | RSU 工作状态指示灯 |
| 8 | AC 电源接口 | 用于外部 AC 电源输入 |
| 9 | GNSS | 用于连接外置 GNSS 天线 |

## 2. RSU 安装组件的介绍

（1）安装组件　RSU 安装组件采用不调角安装件，具体如图 3-15 所示。

（2）供电模块　RSU 支持 POE 供电，可以根据实际安装场景，选择 POE 供电。在使用 POE 供电时，还需要考虑 POE 模块的防雷处理。

POE 适配器上有两个口分别为 POE 口和 DATA 口。POE 适配器如图 3-16 所示。

1）POE 口：通过网线连接 RSU 设备的 POE 供电接口，提供电源和数据传输。

2）DATA 口：通过网线连接 Switch 传输设备。

（3）线缆模块　RSU 使用的线缆包括 POE 网线、电源线、接地线和光纤，下面重点介绍 POE 网线和接地线。

1）POE 网线。POE 网线支持 POE 供电，在传输数据信号的同时，还能为设备提供直流供电。POE 网线为户外型屏蔽网线 CAT5E，网线两边都为户外型 RJ45 端头，长度不超过 100m。POE 网线如图 3-17 所示。

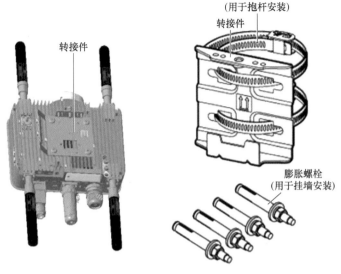

图 3-15　RSU 安装组件

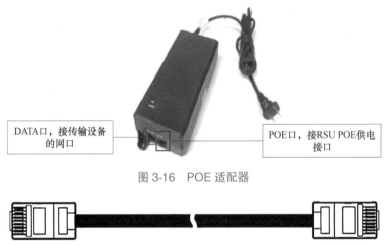

图 3-16　POE 适配器

图 3-17　POE 网线

POE 网线的技术指标见表 3-2。

表 3-2　POE 网线的技术指标

| 名称 | 指标 |
| --- | --- |
| 线缆颜色 | 黑 |
| 线缆外直径 | 6.8mm |
| 工作温度范围 | −40~75℃ |

2）接地线。接地线用于保证 RSU 的良好接地。接地线的横截面积为 6mm$^2$，呈黄绿色，两端均为 OT 端子，如图 3-18 所示。

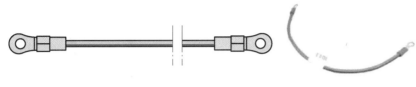

图 3-18　接地线

接地线技术指标见表 3-3。

表 3-3　接地线技术指标

| 名称 | 指标 |
| --- | --- |
| 线缆颜色 | 黄绿 |
| 线缆外直径 | 5.1mm |
| 横截面积 | 6mm$^2$ |
| 工作温度范围 | −25~70℃ |

### 3. RSU 设备的安装

（1）安装前准备

1）安装工具。安装操作之前需要提前准备表 3-4 所示工具。

表 3-4　RSU 安装工具

| 安装工具 | 安装工具 | 安装工具 |
| --- | --- | --- |
| 水平尺 | 钢卷尺 | 记号笔（直径≤10mm） |
| 一字螺丝刀（M3~M6） | 十字螺丝刀（M3~M6） | 内六角扳手 |
| 力矩螺丝刀：5mm（M6）、3mm（M4） | 力矩套筒 | 活动扳手（开口≥32mm）、力矩扳手（开口：16mm、32mm）、两用扳手（开口：16mm、32mm） |
| 工具刀 | 电源线剪线钳 | 剥线钳 |
| 同轴电缆压线钳 | 水晶头压线钳 | 液压钳 |
| 防静电手套、防静电腕带 | 热风枪 | 登高梯或人字梯 |
| 万用表 | 测电笔 | 手电筒 |
| 光纤寻线器 | 网线寻线器和测线仪 | 电缆穿线工具 |

2）技术人员需具备的技能和条件。技术人员必须具备基本的安全操作知识，需经过培训，掌握正确的操作方法，并具有相应作业资格。

3）RSU 安装空间要求。RSU 的安装空间要求，包括推荐安装空间要求和最小安装空间要求，具体空间要求如图 3-19 所示。

（2）RSU 设备抱杆的安装　操作步骤如下：

1）步骤 1：固定 RSU 抱杆安装件，如图 3-20 所示。

确定 RSU 在抱杆上的安装高度，将安装件与抱杆贴合，将喉箍钢带从安装件开孔穿过，然后绕抱杆一圈，如图 3-20 中 a、b、c 处所示。如果抱横杆安装，两喉箍钢带则为竖向穿过。

使用 M6 内六角螺丝刀交替拧紧两根钢带的紧固螺栓，紧固独立安装件，紧固力矩为 7N·m，如图 3-20 中 d 处所示。

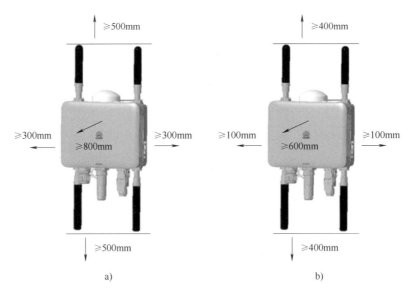

图 3-19    RSU 安装空间要求示意图
a）推荐安装尺寸    b）最小安装尺寸

2）步骤 2：安装 RSU 到安装件上，如图 3-21 所示。

将 RSU 背板顶部的两个销钉挂装到安装件上，然后向里推 RSU，直到 RSU 卡在安装件上，如图 3-21 中 a 处和 b 处所示。

使用内六角螺丝刀顺时针紧固转接件顶部的 1 颗螺钉，紧固力矩为 5N·m，如图 3-21 中 c 处所示。

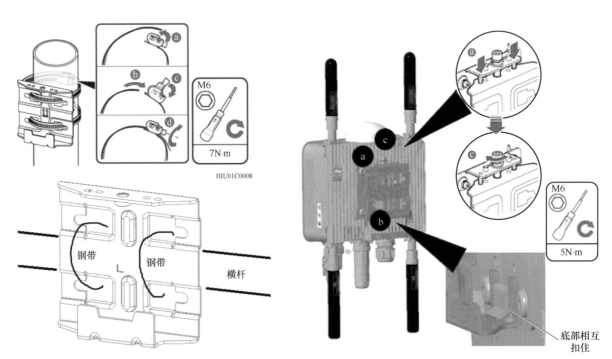

图 3-20    RSU 抱杆的安装示意图                图 3-21    安装 RSU 到安装件上示意图

（3）RSU 其他设备的安装　RSU 设备上还有天线、USB Wi-Fi/SIM 卡、SIM 卡等线缆的安装，以及网口、光纤口、AC 端口的安装，根据 RSU 上的接口进行安装即可，在此不做详细介绍。

### 4. 安装检查

RSU 硬件安装完成后，需要对安装情况进行检查，确保安装质量。RSU 硬件检查项目见表 3-5。

表 3-5　RSU 硬件检查项目

| 序号 | 检查项目 |
| --- | --- |
| 1 | 设备的安装位置严格遵循设计图纸，满足安装空间要求，预留维护空间 |
| 2 | RSU 安装牢固 |
| 3 | RSU 的配线腔盖板锁紧 |
| 4 | 防水检查：RSU 天线胶带满足防水要求；SIM 卡维护盖和 POE 供电的 PG 头螺母锁紧；未安装线缆的端口安装防尘帽，并对防尘帽做好防水处理 |
| 5 | 电源线、保护地线一定要采用整段材料，中间不能有接头 |
| 6 | 制作电源线和保护地线的端子时，应焊接或压接牢固 |
| 7 | 所有电源线、保护地线不得短路、不得反接，且无破损、断裂 |
| 8 | 电源线、地线与其他线缆分开绑扎 |
| 9 | RSU 保护接地、安装杆件的防雷接地应共用一组接地体 |
| 10 | 信号线的插接器必须完好无损，连接紧固可靠；信号线无破损、断裂 |
| 11 | 标签正确、清晰、齐全，各种线缆、馈线、跨接线两端标签与标志正确 |

## 🖥️ | 任务准备

## 一、工具设备介绍

| 子任务模块 | 设备及工具 |
| --- | --- |
| 激光雷达参数设定 | 激光雷达、计算机、配套软件、网线等 |
| 摄像头的调试 | 摄像头、计算机、网线等 |
| 路侧单元（RSU）的操作维护 | RSU、计算机、配套软件等 |

## 二、实操预演

步骤一：进行激光雷达的参数设定。

步骤二：进行摄像头的调试。

步骤三：进行路侧单元（RSU）的操作维护。

### ✎ ❘ 任务实施

能够应用相应的软件对激光雷达、摄像头、路侧单元（RSU）等设备进行参数设定、调试及维护。

## 一、前期准备

1）准备好学生实训的计算机、软件安装包或链接。

2）准备好学生实训用的激光雷达、摄像头、路侧设备（RSU）。

## 二、实操演练

1. 激光雷达的参数设定

| 实施步骤 | 使用工具 | 图示 | 操作要点 |
|---|---|---|---|
| 1. 将激光雷达与计算机进行连接 | 计算机、网线 | 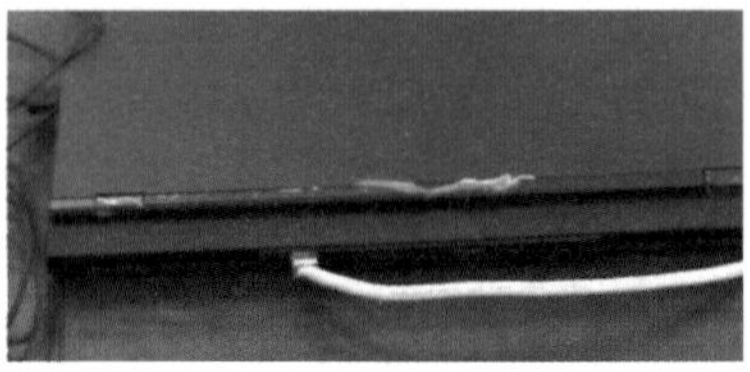 | 用网线测试仪测量网线接通性；设备与计算机的插头处应连接紧密 |
| 2. 修改激光雷达IP程序目标 | 计算机 |   | 将 IP 修改成激光雷达固定 IP |

（续）

| 实施步骤 | 使用工具 | 图示 | 操作要点 |
|---|---|---|---|
| 3. 打开软件调试程序 | | 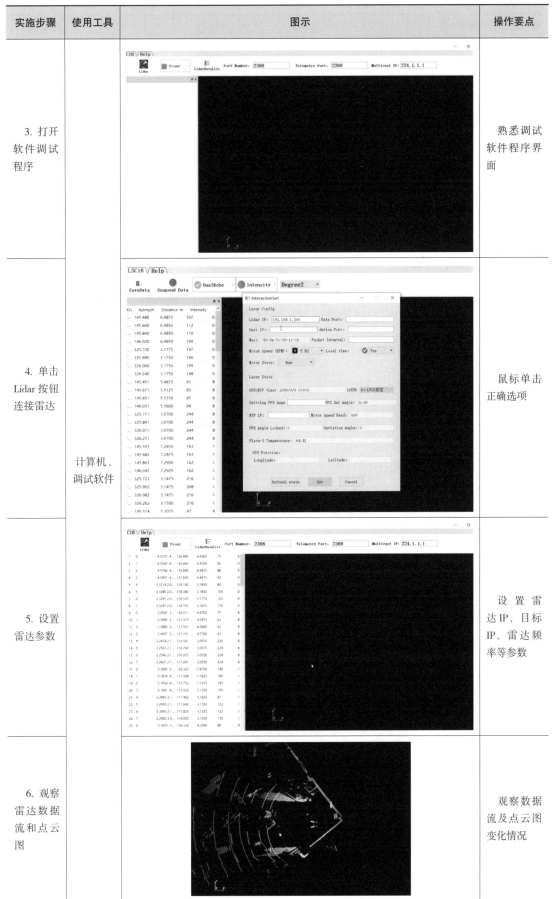 | 熟悉调试软件程序界面 |
| 4. 单击Lidar按钮连接雷达 | 计算机、调试软件 | | 鼠标单击正确选项 |
| 5. 设置雷达参数 | | | 设置雷达IP、目标IP、雷达频率等参数 |
| 6. 观察雷达数据流和点云图 | | | 观察数据流及点云图变化情况 |

2. 摄像头的调试

| 实施步骤 | 使用工具 | 图示 | 操作要点 |
|---|---|---|---|
| 1. 将摄像头与计算机进行连接 | 计算机、网线 | | 用网线测试仪测量网线接通性；设备与计算机的插头处应连接紧密 |
| 2. 摄像头 Web 登录 | 计算机 |   首次访问，请先设置密码<br>用户名 admin<br>新密码<br>确认密码<br>用户密码有效期（月）<br>本次修改将会同步修改其他所有账户密码，请注意！<br>（注：网页密码与协议类密码（如onvif、sdk等）相互独立）<br>确定 取消<br>导航栏 实况预览画面 当前登录账号、密码修改和注销<br>通道类型<br>设备型号、版本和版权信息 实况预览操作，包括抓拍、录像、码流切换等 控制实况视频，包括云台、变焦、图像参数、时间等 | 输入用户名和密码；熟知页面布局 |
| 3. 摄像头在微卡模式下进行初始配置 | | 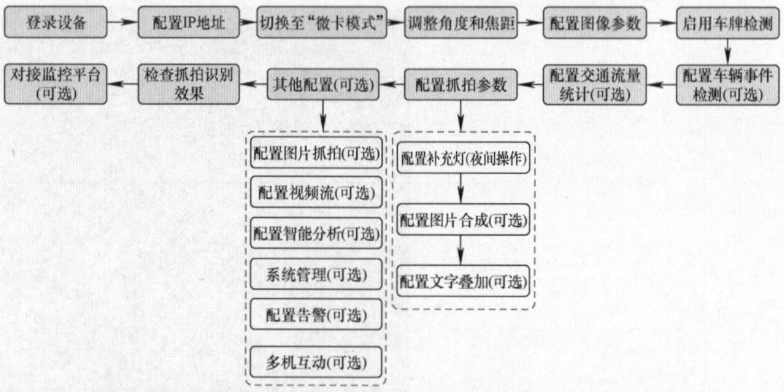 登录设备→配置IP地址→切换至"微卡模式"→调整角度和焦距→配置图像参数→启用车牌检测<br>对接监控平台（可选）←检查抓拍识别效果←其他配置（可选）←配置抓拍参数←配置交通流量统计（可选）←配置车辆事件检测（可选）<br>配置图片抓拍（可选）配置补充灯（夜间操作）<br>配置视频流（可选）配置图片合成（可选）<br>配置智能分析（可选）配置文字叠加（可选）<br>系统管理（可选）<br>配置告警（可选）<br>多机互动（可选） | 按照流程在 Web 进行模式配置调试 |
| 4. 人卡模式下进行初始配置 | | 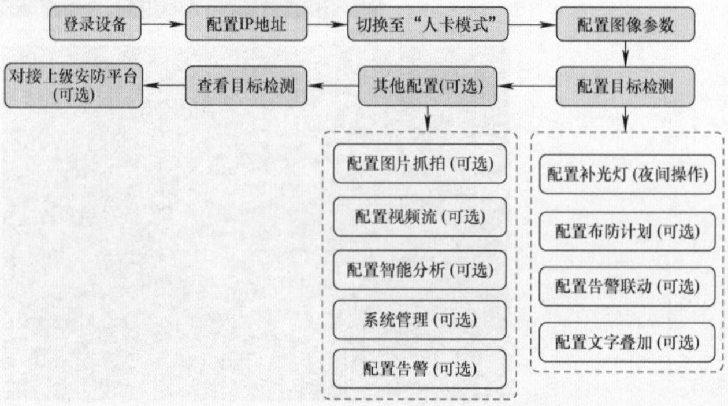 登录设备→配置IP地址→切换至"人卡模式"→配置图像参数<br>对接上级安防平台（可选）←查看目标检测←其他配置（可选）←配置目标检测<br>配置图片抓拍（可选）配置补光灯（夜间操作）<br>配置视频流（可选）配置布防计划（可选）<br>配置智能分析（可选）配置告警联动（可选）<br>系统管理（可选）配置文字叠加（可选）<br>配置告警（可选） | |

（续）

| 实施步骤 | 使用工具 | 图示 | 操作要点 |
|---|---|---|---|
| 5. 混行模式下进行初始配置 | 计算机 | 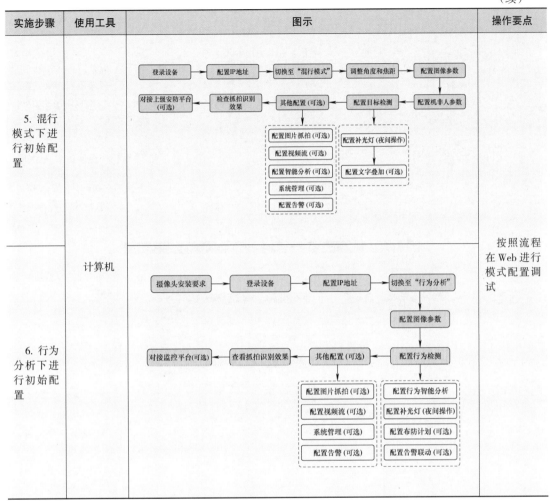 | 按照流程在 Web 进行模式配置调试 |
| 6. 行为分析下进行初始配置 | | | |

## 3. 路侧单元（RSU）的操作维护

| 实施步骤 | 使用工具 | 图示 | 操作要点 |
|---|---|---|---|
| 1. 将 RSU 与计算机进行连接 | 计算机、网线 | | 用网线测试仪测量网线接通性；设备与计算机的插头处应连接紧密 |
| 2. 观测特性生效 | 计算机 | | 若 PC5 口流量统计界面中发送与接收的数据包数目以及包大小为增大状态，则表示本特性生效 |

（续）

| 实施步骤 | 使用工具 | 图示 | 操作要点 |
|---|---|---|---|
| 3. 观测应用层消息 | 计算机 | 近端界面观测<br>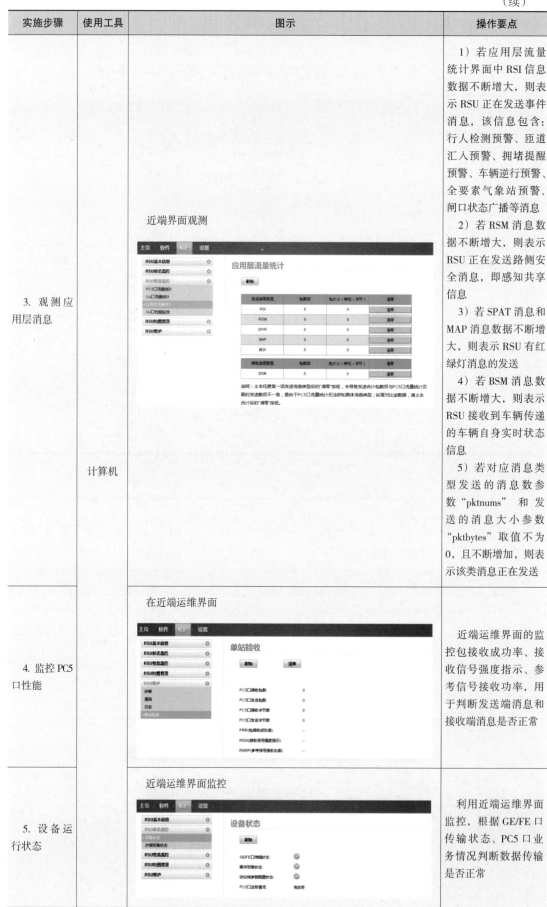 | 1）若应用层流量统计界面中 RSI 信息数据不断增大，则表示 RSU 正在发送事件消息，该信息包含：行人检测预警、匝道汇入预警、拥堵提醒预警、车辆逆行预警、全要素气象站预警、闸口状态广播等消息<br>2）若 RSM 消息数据不断增大，则表示 RSU 正在发送路侧安全消息，即感知共享信息<br>3）若 SPAT 消息和 MAP 消息数据不断增大，则表示 RSU 有红绿灯消息的发送<br>4）若 BSM 消息数据不断增大，则表示 RSU 接收到车辆传递的车辆自身实时状态信息<br>5）若对应消息类型发送的消息数参数"pktnums"和发送的消息大小参数"pktbytes"取值不为 0，且不断增加，则表示该类消息正在发送 |
| 4. 监控 PC5 口性能 | | 在近端运维界面 | 近端运维界面的监控包接收成功率、接收信号强度指示、参考信号接收功率，用于判断发送端消息和接收端消息是否正常 |
| 5. 设备运行状态 | | 近端运维界面监控 | 利用近端运维界面监控，根据 GE/FE 口传输状态、PC5 口业务情况判断数据传输是否正常 |

（续）

| 实施步骤 | 使用工具 | 图示 | 操作要点 |
|---|---|---|---|
| 6. V2X Server 状态 | 计算机 | 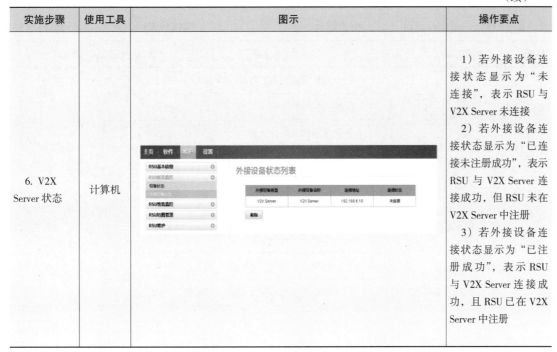 | 1）若外接设备连接状态显示为"未连接"，表示 RSU 与 V2X Server 未连接<br>2）若外接设备连接状态显示为"已连接未注册成功"，表示 RSU 与 V2X Server 连接成功，但 RSU 未在 V2X Server 中注册<br>3）若外接设备连接状态显示为"已注册成功"，表示 RSU 与 V2X Server 连接成功，且 RSU 已在 V2X Server 中注册 |

## 检测评价

激光雷达的参数设定实操评分表

学生姓名：_____　　学生学号：_____　　操作用时：_____分钟

| 序号 | 作业内容 | 配分 | 作业项目 | 分值 | 扣分 | 备注 |
|---|---|---|---|---|---|---|
| 1 | 开启计算机，将激光雷达与计算机相连 | 20 | □开启计算机电源，打开计算机 | 5 | | |
| | | | □检查网线的通断 | 10 | | |
| | | | □连接激光雷达与计算机 | 5 | | |
| 2 | 调试激光雷达 | 70 | □修改激光雷达 IP 程序目标 | 15 | | 若有未完成的项目，根据情况酌情扣分 |
| | | | □打开软件调试程序 | 10 | | |
| | | | □设置雷达参数 | 30 | | |
| | | | □读取数据流和点云图 | 15 | | |
| 3 | 关闭软件和计算机 | 10 | □关闭软件 | 5 | | 若未操作，现场考评员提醒并扣除对应项目分值 |
| | | | □关闭计算机后拔下计算机电源插头，分离激光雷达与计算机 | 5 | | |
| 合　计 | | | | 100 | | |

考核成绩：_____　　教师签字：_____

摄像头的调试实操评分表

学生姓名：＿＿＿＿＿　　　学生学号：＿＿＿＿＿　　　操作用时：＿＿＿＿＿分钟

| 序号 | 作业内容 | 配分 | 作业项目 | 分值 | 扣分 | 备注 |
|---|---|---|---|---|---|---|
| 1 | 开启计算机，将摄像头与计算机相连 | 20 | □开启计算机电源，打开计算机 | 5 | | |
| | | | □检查网线的通断 | 10 | | |
| | | | □连接摄像头与计算机 | 5 | | |
| 2 | 调试摄像头 | 70 | □摄像头 Web 登录 | 10 | | 若有未完成的项目，根据情况酌情扣分 |
| | | | □熟练说出界面各功能选项 | 10 | | |
| | | | □摄像头在微卡模式下进行初始配置 | 15 | | |
| | | | □人卡模式下进行初始配置 | 15 | | |
| | | | □混行模式下进行初始配置 | 10 | | |
| | | | □行为分析下进行初始配置 | 10 | | |
| 3 | 关闭软件和计算机 | 10 | □关闭软件 | 5 | | 若未操作，现场考评员提醒并扣除对应项目分值 |
| | | | □关闭计算机后拔下计算机电源插头，分离摄像头与计算机 | 5 | | |
| 合　计 | | | | 100 | | |

考核成绩：＿＿＿＿＿　　　　　教师签字：＿＿＿＿＿

路侧单元（RSU）的操作维护实操评分表

学生姓名：＿＿＿＿＿　　　学生学号：＿＿＿＿＿　　　操作用时：＿＿＿＿＿分钟

| 序号 | 作业内容 | 配分 | 作业项目 | 分值 | 扣分 | 备注 |
|---|---|---|---|---|---|---|
| 1 | 开启计算机，将 RSU 与计算机相连 | 20 | □开启计算机电源，打开计算机 | 5 | | |
| | | | □检查网线的通断 | 10 | | |
| | | | □连接 RSU 与计算机 | 5 | | |
| 2 | 操作维护 | 70 | □观测特性生效 | 10 | | 若有未完成的项目，根据情况酌情扣分 |
| | | | □观测应用层消息 | 15 | | |
| | | | □监控 PC5 口性能 | 15 | | |
| | | | □设备运行状态 | 15 | | |
| | | | □V2X Server 状态 | 15 | | |
| 3 | 关闭软件和计算机 | 10 | □关闭软件 | 5 | | 若未操作，现场考评员提醒并扣除对应项目分值 |
| | | | □关闭计算机后拔下计算机电源插头，分离 RSU 与计算机 | 5 | | |
| 合　计 | | | | 100 | | |

考核成绩：＿＿＿＿＿　　　　　教师签字：＿＿＿＿＿

## 任务小结

本任务主要是对路侧设备的组成部件的安装方法和调试方法和各组成结构的功能进行了介绍，可以让读者对设备安装调试有一个初步的认知，本任务主要内容思维导图如图 3-22 所示。

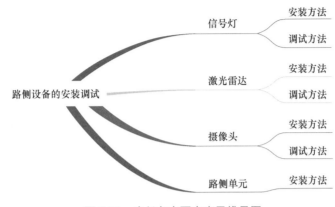

图 3-22　本任务主要内容思维导图

## 任务工单

学生姓名：＿＿＿＿＿＿　　　组别：＿＿＿＿＿＿　　　实训日期：＿＿＿＿＿＿

### 一、任务描述

作为车路协同试验基地示范区讲解员，已经为来访者详细地介绍了路侧设备的组成、结构和功能，成功地引起了来访者的兴趣，因此他们想了解这些设备在安装完成后是如何保证它们能够正确工作的，你能解答吗？

### 二、任务准备

1. 实训准备

理实一体教室一间；路侧单元（RSU）、激光雷达、摄像头等设备 4~8 套、工作台 4~8 个；计算机 4~8 台；连接线若干；将全班学生分成 4~8 个小组。

2. 知识准备

1）激光雷达的优点：

① 分辨率高、精度高。

② ＿＿＿＿＿＿＿＿＿＿＿＿＿＿＿＿＿＿＿＿＿＿＿＿＿＿。

③ 获取的信息量丰富。

2）完善下表华为 RSU5021 接口类型和接口说明：

| 序号 | 接口类型 | 说明 |
|---|---|---|
| 1 | LTE 天线口 | 用于连接外置 LTE 天线 |
| 2 | 接地端 | |
| 3 | | 用于连接外置 PC5 口天线 |
| 4 | | POE 供电接口，插入网线 |
| 5 | SIM 卡维护口 | 内含 SIM 卡插槽，用于安装 SIM 卡 |

(续)

| 序号 | 接口类型 | 说明 |
|---|---|---|
| 6 | 光纤口 | |
| 7 | LED 指示灯 | |
| 8 | | 用于外部 AC 电源输入 |
| 9 | GNSS | |

3）信号灯悬臂式安装时，高度需要离地面（    ）以上。

A. 4.2m          B. 5.2m          C. 3m          D. 2m

4）RSU 使用的线缆包括（    ）、电源线、接地线和光纤。

A. PDE 网线          B. DQE 网线          C. POE 网线          D. OBD 网线

5）RSU 在安装时需要考虑设备避雷，常见的防雷装置有（    ）和电源避雷器。

A. 避雷针          B. 信号避雷          C. 数字避雷          D. 网络避雷

6）应用设备和调试软件连接激光雷达，可以获得激光雷达的（    ）。

A. 点云图          B. 积云图          C. 点线图          D. 成像图

### 三、任务要求

独立且正确地完成激光雷达参数设定、摄像头的调试、路侧单元（RSU）的操作维护实训，操作过程中要注意每项实训的操作要点，遇到问题及时与老师沟通。

### 四、任务实施

1）完成激光雷达参数设定实训，记录实施步骤、参数值以及实施过程中遇到的问题：

_____

_____

_____

_____

2）分组完成摄像头的调试实训，记录实施步骤、参数值以及实施过程中遇到的问题：

_____

_____

_____

_____

3）路侧单元（RSU）的操作维护实训，记录实施步骤、设备的参数状态及实施过程中遇到的问题：

_____

_____

_____

_____

### 五、任务总结

请你总结此次任务中有哪些收获？有哪些地方需要进行自我改进？

1）主要收获：_____

_____

2）自我改进：_____

_____

## 六、任务评价

| 评分项目 | 知识能力<br>（25分） | 实践能力<br>（25分） | 职业素养<br>（25分） | 工作规范 6S<br>（25分） | 总评 |
|---|---|---|---|---|---|
| 自我评定 | | | | | |
| 小组评定 | | | | | |
| 教师评定 | | | | | |
| 合计得分 | | | | | |

# 任务三　路端系统的测试与应用

## ✔ | 任务导入

来访者已经了解了路侧设备的组成安装与调试的方法以及需要注意的事项，由此产生了一个问题，组装完成后该系统如何广泛地应用到实际道路中，同时该系统又具备哪些实质性的功能？针对来访者的疑问，你将如何向其进行介绍？

## 🖥 | 任务分析

完成本次任务，首先要对车路协同技术有一定的认知，通过对"任务资讯"的学习，达到如下所列的知识目标、技能目标和素养目标的要求。

| 知识目标 | 1. 了解路端系统的测试种类以及优缺点。<br>2. 掌握路端系统的应用场景及具备的功能。 |
|---|---|
| 技能目标 | 1. 能够对路端系统的测试种类、优缺点等进行描述。<br>2. 能够在试验场地、车辆上找出路端系统的应用功能，并能够描述其原理。 |
| 素养目标 | 1. 培养思维构建能力。<br>2. 树立安全操作意识。<br>3. 培养团队协作能力。 |

## 🔊 | 任务资讯

### 一、路端系统的测试

目前，路端系统的测试分为 3 类，分别为虚拟仿真测试、封闭测试场测试和开放道路测试，对应的进行实验测试的场所主要为实验室、试验场、封闭道路和开放道路。其中虚拟仿真测试是非常重要的，它可以保证测试的安全，提高测试效率。封闭测试场测试也具有安全性高的特点。开放道路测试的优点是实际的测试场景丰富，并且测试验证能否上路最终是需要通过道路测试来实现的。3 种测试的优势对比见表 3-6。

表 3-6　虚拟仿真测试、封闭测试场测试、开放道路测试优势对比

| 指标 | 虚拟仿真测试 | 封闭测试场测试 | 开放道路测试 |
| --- | --- | --- | --- |
| 场景搭建 | 场景可自定义搭建、构建速度快 | 场景受限于场地基础设施，构建速度慢 | 场景随机、不可控，大部分场景重复无效 |
| 成本 | 应用软件，成本低 | 测试场地搭建，成本高 | 需要长时间驾驶，成本高 |
| 效率 | 高，软件运行提高仿真速度 | 较高，可针对关键技术进行强化测试 | 低，测量里程长，周期长 |
| 数据的覆盖度 | 基于测试平台直接提取全息测试数据，数据全面精度高 | 基于预先布置的监控设备提取数据，数据较全面 | 交通参与者行为数据采集难度大、精度低 |

1. 虚拟仿真测试

虚拟仿真测试即在实验室的环境下进行模拟测试，检验软件和硬件系统的功能情况、可靠性和资源占用情况等，包括车辆在环测试等。利用真实车辆和虚拟仿真联合，实现快速的场景和系统的测试，可以完成端到端性能的测试和车路资源的消耗情况，有利于降低实车测试的难度和风险，减少对场地、真实交通和试验车辆的要求，为后续在道路上的测试节省成本和时间，提高测试效率。虚拟仿真测试如图 3-23 所示。

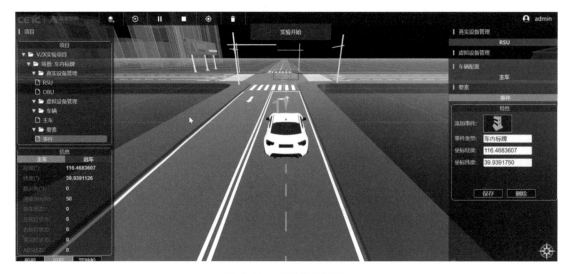

图 3-23　虚拟仿真测试

2. 封闭测试场测试

封闭测试场测试是开放道路测试前的关键环节。需要模拟尽可能多的交通场景，不断积累测试数据，为以后开放道路测试以及实际应用提供有力支撑。对于实车测试，在封闭测试场进行测试可以有效地控制行人、车辆等因素干扰，安全性更好。封闭场地一般都集成了多种测试场景，拥有自动驾驶测试道路，涵盖典型的城市道路和普通公路基础设施，道路沿线

通过布设协同交通信号、模拟城市街景等设施，可以灵活搭建路端系统测试所需的封闭场地测试场景，同时允许测试者根据测试目的进行相关设备安装和场景的布置，拥有很强的自主性和多样性。封闭场地测试可以开展功能及性能评估测试，试验精度可控，能最大限度地保障系统的真实性能，可用于验证仿真测试和开放道路测试的准确性。交通运输部公路科学研究院封闭试验场如图 3-24 所示。

图 3-24 交通运输部公路科学研究院封闭试验场

3. 开放道路测试

开放道路是指社会车辆和行人通行的道路，场景随机多变，交通状况复杂。开放道路测试是最终也是最重要的必经环节。开放道路上复杂实际的交通场景，可以覆盖日常所需的典型场景，具备充分的随机性，更能防范漏洞的出现，因此，开放道路测试更能评估路端系统应对真实交通状况的能力，以及对危机情况的化解能力，能对系统工作状况、各模块功能等各维度进行全方位的综合测试。

## 二、路端系统的应用

### 1. 道路标识识别

智能路端系统可采用 DSRC、Wi-Fi、RFID 等不同类型的道路标识载体，通过无线通信的手段，向过往的汽车发送数字化道路交通标识信息。道路标识载体的识别可以是机器视觉识别，也可以通过电磁波、红外通信等方式。下面以 Wi-Fi 道路标识载体的通信方式为例进行介绍：

Wi-Fi 具有传输速率高、建网快速、组网灵活等特点，在车路协同环境下应用广泛。通过道路标识信息布设在路侧单元（RSU）模块中，车载单元（OBU）模块部署在每辆车中。选定无线局域网络通信技术 Wi-Fi 的无线通信协议或自定义以太网帧，使 RSU 模块及其 OBU 自组网模式运行。OBU 接收 RSU 的数字化的交通标识广播信息，OBU 模块在车载终端解释或显示对应的道路标识。基于 Wi-Fi 的道路标识载体如图 3-25 所示。

### 2. 前方道路施工预警

当车辆行驶至施工区域附近时，路侧单元（RSU）会与车载单元（OBU）通信，向驾驶人提示前方道路施工信息，以便驾驶人提前改变行驶路线，如图 3-26 所示。

### 3. 人行横道预警

人行横道线上安装有行人探测传感器，当车辆靠近人行横道时，交通信号设施向周边车辆发送行人信息，提示车辆减速及停车，如图 3-27 所示。

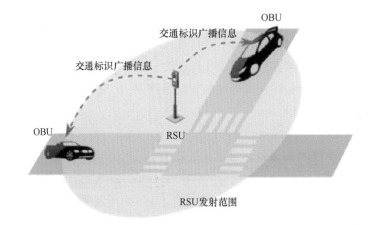

图 3-25　基于 Wi-Fi 的道路标识载体

图 3-26　前方道路施工预警

图 3-27　人行横道预警

4. 紧急车辆避让服务应用

　　该应用主要用于警车、救护车等紧急车辆通行时其他车辆的让行。该应用在一定区域内将紧急救援信息发送给周围的车辆，并提示紧急车辆的前进方向，同时为周围车辆提供一个合理的避让路线。紧急车辆通行时其他车辆避让示意图如图 3-28 所示。

图 3-28    紧急车辆通行时其他车辆避让示意图

### 5. 红绿灯车速引导

车辆在行驶时可以通过路侧设备获得红绿灯的状态和剩余时长，车端系统可以计算出推荐的速度，保证平顺准确地通过红绿灯。当前方有大型车辆遮蔽时依然可以不被影响。车辆被大型车遮蔽时识别红绿灯如图 3-29 所示。

图 3-29    车辆被大型车遮蔽时识别红绿灯

## ▣ | 任务准备

### 一、工具设备介绍

| 子任务模块 | 设备及工具 |
| --- | --- |
| 路端系统应用场景认知 | 车路协同虚拟仿真软件、计算机 |

### 二、实操预演

步骤一：正确打开虚拟仿真软件。

步骤二：进行路端系统应用场景认知。

### 任务实施

能够正确地应用仿真软件对路端系统应用场景进行认知学习，并能根据软件显示场景迅速判断出应用名称。

## 一、前期准备

准备好学生实训的计算机、虚拟仿真软件。

## 二、实操演练

认知路端系统应用场景

| 实施步骤 | 使用工具 | 图示 | 操作要点 |
|---|---|---|---|
| 1. 打开车路协同虚拟仿真软件 | 计算机、车路协同虚拟仿真软件 | 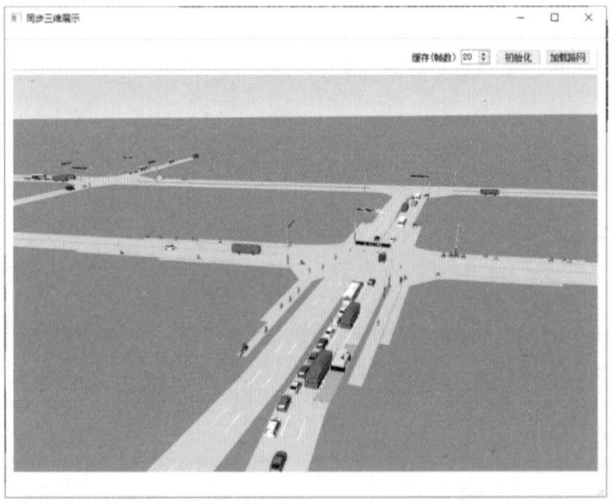 | 正确打开软件 |
| 2. 认知道路标识识别 | |  | 完成道路标识识别认知 |
| 3. 认知前方道路施工预警 | |  | 完成前方道路施工预警认知 |

（续）

| 实施步骤 | 使用工具 | 图示 | 操作要点 |
|---|---|---|---|
| 4. 认知人行横道预警 | |  | 完成人行横道预警认知 |
| 5. 认知紧急车辆避让服务应用 | 计算机、车路协同虚拟仿真软件 |  紧急车辆靠近 | 完成紧急车辆避让服务应用认知 |
| 6. 认知红绿灯车速引导 | |  保持车速：56km/h | 完成红绿灯车速引导认知 |

## 检测评价

认知路端系统应用场景实操评分表

学生姓名：_____　　　学生学号：_____　　　操作用时：_____分钟

| 序号 | 作业内容 | 配分 | 作业项目 | 分值 | 扣分 | 备注 |
|---|---|---|---|---|---|---|
| 1 | 开启计算机，打开虚拟仿真软件 | 20 | □开启计算机电源，打开计算机 | 10 | | — |
| | | | □打开虚拟仿真软件 | 10 | | |
| 2 | 认知路端系统应用场景 | 70 | □认知道路标识识别 | 15 | | 若有未完成的项目，根据情况酌情扣分 |
| | | | □认知前方道路施工预警 | 15 | | |
| | | | □认知人行横道预警 | 15 | | |
| | | | □认知紧急车辆避让服务应用 | 15 | | |
| | | | □认知红绿灯车速引导 | 10 | | |
| 3 | 关闭软件和计算机 | 10 | □关闭软件 | 5 | | 若未操作，现场考评员提醒并扣除对应项目分值 |
| | | | □关闭计算机后拔下计算机电源 | 5 | | |
| 合　计 | | | | 100 | | |

考核成绩：_____　　　　教师签字：_____

## 任务小结

　　本任务主要对路端系统的测试和应用进行了介绍，可以让读者对路端系统的应用场景等有一个初步的认知，本任务主要内容思维导图如图 3-30 所示。

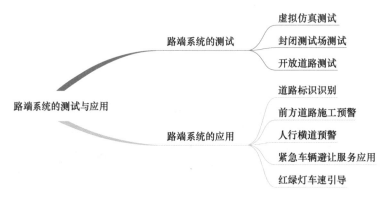

图 3-30　本任务主要内容思维导图

## 任务工单

学生姓名：_____　　　组别：_____　　　实训日期：_____

### 一、任务描述

　　来访人员已经了解了路侧设备的组成安装与调试的方法以及需要注意的事项，那么这些设备组合在一起有哪些效果呢？作为讲解员的你，需要为客户进行详细的应用讲解，你能完成此任务吗?

## 二、任务准备

**1. 实训准备**

车路协同虚拟仿真实训室一间；计算机 50 台；含 V2X 应用场景试验模块的车路协同虚拟仿真教学系统一套；每台计算机事先安装虚拟仿真教学系统并调试。

**2. 知识准备**

1) 完善下列表格：

| 指标 | 虚拟仿真测试 | 封闭测试场测试 | 开放道路测试 |
|---|---|---|---|
| 场景搭建 | 场景可自定义搭建、构建速度快 | 场景受限于场地基础设施，构建速度慢 | |
| 成本 | 应用软件，成本低 | | 需要长时间驾驶，成本高 |
| 效率 | | 较高，可针对关键技术进行强化测试 | 低，测量里程长，周期长 |
| 数据的覆盖度 | | 基于预先布置的监控设备提取数据，数据较全面 | |

2) 路端系统应用场景包括＿＿＿＿＿＿＿＿、＿＿＿＿＿＿＿＿、＿＿＿＿＿＿＿＿、
＿＿＿＿＿＿＿和＿＿＿＿＿＿＿＿。

## 三、任务要求

1) 先在虚拟仿真实训室完成路端系统应用场景模拟实训，掌握各应用场景的特点。

2) 完成实训后进入模拟实训考试系统进行上机考试，考试前要反复进行模拟实训练习，确保熟练掌握全部内容后，再进入模拟实训考试系统开始实训考试。

## 四、任务实施

1) 道路标识识别演示，将实训步骤写在下面：

_____

_____

_____

2) 前方道路施工预警演示，将实训步骤写在下面：

_____

_____

_____

3) 人行横道预警演示，将实训步骤写在下面：

_____

_____

_____

4) 紧急车辆避让服务应用演示，将实训步骤写在下面：

_____

_____

_____

5）红绿灯车速引导应用演示，将实训步骤写在下面：

_____

_____

_____

## 五、任务总结

请你总结此次任务中有哪些收获？有哪些地方需要进行自我改进？

1）主要收获：_____

_____

2）自我改进：_____

_____

## 六、任务评价

| 评分项目 | 知识能力<br>（25分） | 实践能力<br>（25分） | 职业素养<br>（25分） | 工作规范 6S<br>（25分） | 总评 |
|---|---|---|---|---|---|
| 自我评定 | | | | | |
| 小组评定 | | | | | |
| 教师评定 | | | | | |
| 合计得分 | | | | | |

# 项目四
## 车云远程数据交互系统的应用

**项目引言**

近年来，汽车智能化程度逐渐提升，这对于改善交通安全状况，提高交通运行效率，实现节能减排，提高社会效益，促进汽车、电子、交通等领域的协调发展具有重要的推动作用。然而，相对于智能汽车单车智能化强势的发展势头，智能汽车网联化的发展进程却相对缓慢，标准化和实用化的水平也相对较低。在自动驾驶技术发展的前期，智能汽车的发展技术路线主要以单车智能为主。但是在现阶段，传感器性能不够强大且人工智能技术还不是很成熟，很多危险场景不能仅依靠单车智能来安全地处理，如大型车辆遮挡红绿灯、预测前方交通情况、全局动态最优路径规划等场景。

因此，基于云计算技术的车联网云平台解决方案被提出。该方案通过现代通信和网络技术，能实现车与X（车辆、道路、人、云等）之间的智能信息交换和共享，让人、车、路、云高度融合，互为补充，使智能车辆具有更复杂的环境感知、智能决策、协同控制等能力，从而促成更高水平的自动驾驶。

# 任务一　车云远程数据交互系统的认知

## ✅ | 任务导入

　　如果你是某车联网科技公司的技术人员，有机会参与某个车云远程数据交互系统项目的运维工作，为提升运维保障的针对性，相关负责人问你车云远程数据交互系统的体系架构都包含什么？你该如何回答呢？

## 🖥 | 任务分析

　　完成本次任务，首先要对车云远程数据交互系统有一定的认知，通过对"任务资讯"的学习，达到如下所列的知识目标、技能目标和素养目标的要求。

| 知识目标 | 1. 掌握车联网的基本定义。<br>2. 掌握云计算架构层次。<br>3. 理解车联网与云计算的关系。<br>4. 掌握车云远程数据交互系统的基本含义。 |
| --- | --- |
| 技能目标 | 1. 具有描述车云远程数据交互系统体系架构的能力。<br>2. 具有查找车云远程数据交互系统实例的能力。 |
| 素养目标 | 1. 培养学生的综合学习能力。<br>2. 具备沟通协调能力。 |

## 🔊 | 任务资讯

### 一、车云远程数据交互系统的相关概念

　　要理解车云远程数据交互系统，首先需要了解车联网技术、云计算技术、车联网与云计算的关系和车云远程数据交互系统。

#### 1. 车联网技术

　　车联网（Internet of Vehicles，IOV）是物联网技术在智能交通中的具体应用，车联网技术在智能交通中具有举足轻重的地位。同时，车联网也是战略性新兴产业中，物联网和智能化汽车两大领域的重要交集，其涉及产品来自于汽车零部件生产厂家、芯片厂商、软件提供商、方案提供商、网络供应商等多个领域的厂商。

　　从技术上来说，车联网是指车与车、车与路、车与人和车与传感设备等交互，以车内网、车际网和车载移动互联网为基础，能够实现智能化交通管理、智能动态信息服务和车辆智能化控制的一体化网络，它可以通过车与车、车与人、车与路互联互通实现信息共享，收集车辆、道路和环境的信息，并在信息网络平台上对多源采集的信息进行加工、计算、共享和安全发布，根据不同的功能需求对车辆进行有效的引导与监管，以及提供专业的多媒体与移动互联网应用服务，是物联网技术在交通系统领域的典型应用。车联网技术对提高交通安

全，减少道路拥堵，提升市民对城市交通管理水平的满意度等都有显著效果。

车联网（图 4-1）通过装载在车辆上有感知能力的电子设备进行数据采集，以信息通信技术为手段，实现车与车、车与人、车与路、车与应用平台及车内网络互联互通，通过智能处理技术对采集的数据进行有效利用，以提高用户的行车安全和效率，缓解城市交通压力，并对车辆提供商务、娱乐、导航、救援、管控等综合性服务。

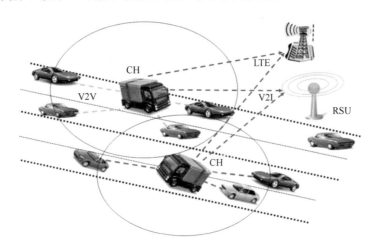

图 4-1　车联网示意图

### 2. 云计算技术

云计算是一种分布式计算方式，它解决了任务的分布难题，通过这项技术，我们可以在很短的时间（几秒钟）内处理成千上万的数据，从而实现强大的网络服务。经典的云计算架构层次分为基础设施即服务（Infrastructure as a Service，IaaS）、平台即服务（Platform as a Service，PaaS）、软件即服务（Software as a Service，SaaS），如图 4-2 所示。IaaS 层为基础设施的运营者提供服务，提供计算机、储存、网络和其他基础资源；PaaS 层为应用开发者服务，提供应用运行所需软件的运营环境和相关工具；SaaS 层的服务对象是用户，其直接为用户提供一套完整的软件系统，为用户提供具体的服务。

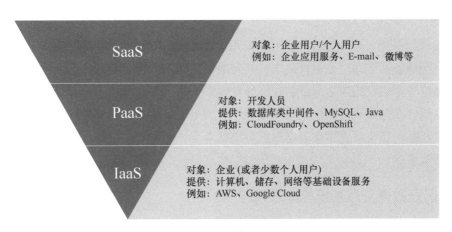

图 4-2　云计算架构层次

云计算的价值在于其高度的灵活性、可扩展性和高比率。与传统的网络应用模式相比，它具有以下优点或特点：

（1）虚拟化技术　虚拟化是云计算最为显著的特点，虚拟化突破了时间和空间的界限，虚拟化技术包括应用虚拟和资源虚拟两种。通过虚拟平台可对相应终端进行操作，完成数据备份、迁移和扩展等。

（2）动态可扩展　云计算具有高效的计算能力。在原有服务器的基础上增加云计算功能，可以快速提高计算速度，最终实现虚拟化水平的动态扩展，达到应用扩展的目的。

（3）按需部署　计算机中包含许多应用程序、程序软件等。不同的应用程序对应不同的数据资源数据库。因此，用户可以按需求快速配置云计算能力和资源。

（4）灵活性高　目前，市场上大部分的 IT 资源和软硬件都支持虚拟化，如存储网络、操作系统和开发软硬件。虚拟化元素在云系统资源的虚拟池中进行管理。云计算的兼容性非常强，它不仅可以兼容不同厂家的低配置机器和硬件产品，而且可以从外设获得更高性能的计算。

（5）可靠性高　由于单点服务器故障，可以通过虚拟化技术恢复分布在不同物理服务器上的应用程序，也可以通过动态扩展功能部署新的服务器进行计算。因此如果服务器出现故障，也不会影响计算和应用程序的正常运行，可靠性高。

（6）性价比高　用户不再需要具有大存储空间的昂贵主机，可以选择相对便宜的个人计算机来形成云，不仅降低了成本，计算性能也不低于高性能主机。

（7）可扩展性　用户可以利用应用软件的快速部署条件，更简单、快捷地扩展现有业务和新业务。在虚拟化资源动态扩展的情况下，可以有效地扩展应用，提高计算机云计算的运行水平。

3. 车联网与云计算的关系

车联网系统承载的信息量远远大于传统电信业的信息量。以智能交通系统为例，一个城市的多源动态交通信息的采集，交通数据的实时处理和分析，实时路况环境信息的发布以及车与管理中心互联互通共享信息等过程，都需要一个能处理海量大数据信息的智能化平台。

因此，车联网与云计算的融合就成了智能交通信息化成功的关键因素之一。在云框架下，通过综合信息采集处理、道路交通状况监测、车辆监管与疏导、信号控制、系统联动以及预测预报、信息发布与诱导等，能实现整体智能交通系统的融合、共享和统一。

4. 车云远程数据交互系统

车云远程数据交互系统是将车联网技术和云计算技术融合起来，是智能交通发展的趋势之一。目前国内各交通部门的系统繁多，如交通信息查询系统、交通信息系统、交通计费系统等，但是这些通信设施因为分散管理而导致效率不高。而充分运用云计算虚拟化技术，将各系统信息整合在车云远程数据交互系统中，可满足海量数据存储和数据分析的需求。车云远程数据交互系统能及时发布交通路况信息最新动态，为驾驶人规划出行计划和路线，从而提高了交通效率。

## 二、车云远程数据交互系统的体系架构

车云远程数据交互系统是基于新一代移动互联技术的车路云一体化融合控制系统，其架构如图 4-3 所示，该架构由基础平台、应用平台、路侧基础设施、智能网联汽车及其他交通参与者、通信网以及行业相关支撑平台 6 个主要部分组成。系统通过逻辑协同、物理分散的基础平台建设，采用标准统一、开放共享的数据交互形态，实现了车辆以及其他交通参与者信息的采集与处理，同时与其他行业服务与管理平台进行信息交互，从而实现对车辆与交通系统的多维度跨领域的数据交互。

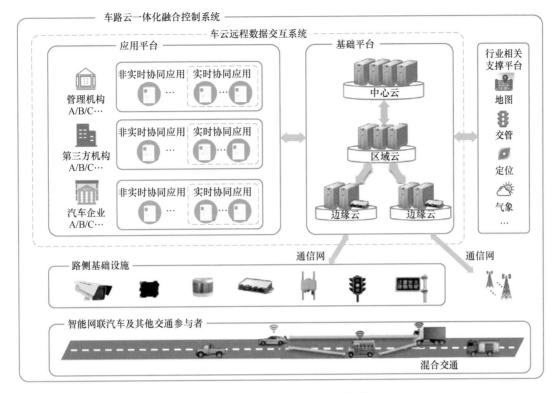

图 4-3  车云远程数据交互系统架构

1. 基础平台

基础平台是车云远程数据交互系统的核心，其融合车辆、道路与环境以及相关行业的实时动态数据，为智能网联汽车与产业相关部门和企业提供标准化数据与计算基础服务。基于对车辆行驶和交通服务区域的实际应用特征，基础平台的整体架构被设计为边缘云、区域云与中心云三级，三级服务范围不同，逐次扩大，相应的数据交互与计算实时性要求则逐渐降低，从而在满足网联应用对实时性与服务范围不同要求的情况下，保证基础设施建设的高效性与性价比。

2. 应用平台

应用平台指的是提升行车安全和能效等方面的智能网联驾驶应用，提升交通运行效率与性能的智能交通应用，以及基于车辆与交通大数据的行业管理与服务类应用的集合。其中，根据相关应用对于数据传输与计算时延要求的不同，可以将应用平台的应用分为实时协同应用和非实时协同应用。

3. 路侧基础设施

路侧基础设施通常布置于道路两侧及附属建筑上（如路侧杆件、灯杆等），主要包括路侧感知设备（如摄像头、毫米波雷达、激光雷达等）、路侧通信设备、路侧计算设备和交通信号设施（如红绿灯设备、数字化标识标牌等）。其中，路侧感知设备与路侧计算设备的主要作用是实现对道路交通状况以及参与对象进行实时识别、跟踪和预测等，同时承担一部分为车辆辅助定位计算的任务；路侧通信设备的主要作用是将相关计算结果、交通信号与控制状态通过低时延网络实现与车端、云端的互联互通；交通信号设施主要是利用车路云协同的体系实现相关交通信息的数字化联网，同时基于交通运行需求进行实时动态的联网控制。

4. 通信网

通信网主要包含无线通信网络与有线通信网络。其中无线通信网络中主要分为基于

LTE-V 协议的车 - 路、车 - 车点对点通信网络与基于 5G 网络专用标准的通信网络。车云远程数据交互系统主要通过这两类无线通信网络，实现智能网联汽车、路侧设备与三级云的广泛互联通信，并且围绕行业发展需求，针对实际应用场景来逐步完善无线通信协议。

### 5. 智能网联汽车及其他交通参与者

智能网联汽车及其他交通参与者是车云远程数据交互系统的重要组成部分，其中连接的智能网联汽车和交通参与者是基础平台的重要信息来源。不同等级智能化和网联化的车辆与交通参与者都可以成为车云远程数据交互系统的服务对象。

### 6. 行业相关支撑平台

行业相关支撑平台指的是按照标准化协议与车云远程数据交互系统进行动态数据交互的相关社会化应用、服务与管理平台。行业相关支撑平台可以供系统的各类车辆、交通参与者、应用服务开发者使用，同样也可以丰富与完善智能网联汽车与交通的产业应用服务内容，从而实现车云远程数据交互系统与各类支撑平台之间的良性服务循环。

## 三、车云远程数据交互系统实例

### 1. 阿里智联车管理云平台

阿里智联车管理云平台（IoV Command Center，IoV CC）是阿里云面向智联车领域，专门推出的车辆全生命周期云端管理平台，旨在赋能车厂转型出行服务商，提高运营效率、降低自建成本。它提供了以下几部分内容：

（1）无线升级（OTA） 它提供智联车车机系统升级能力、系统内应用的升级能力，以及车辆 ECU/MCU 的升级能力，方便厂商通过升级的形式，进行问题修复，将更好、更新的服务输出给车辆使用者。

（2）在线虚拟车（Virtual Car） 它提供了车端数据上报、云端数据同步，移动端数据下行以及基础车控功能，协助厂商快速为用户提供一个车、云、移动端应用的整体智能化解决方案。

（3）全双工消息服务 它具有消息长连接通道服务能力，能实现消息的上行和下行，以及端侧与云端消息互通，除了具有 PUSH 能力外，也提供了 MQTT、TCP 标准协议连接。

（4）车联网国标协议平台 它是为"两客一危"、货运车辆提供标准国标协议的平台，目前支持交通运输部 JT/T 808、JT/T 809、苏标、JT/T 1078 等协议。

（5）车载智能设备管理 它对车内智能设备进行统一的注册、分组、标记管理，提供了算法升级、系统升级、算法配置同步等功能，能快速地构建起车载智能设备的算法环境，同时对算法信息进行回传管理，可以迅速支持 ADAS、DSM 等基础算法服务。

### 2. 百度天工车联网云平台

"天工车联网云"是基于百度智能云天工物联网平台、百度人工智能及大数据服务平台、百度地图位置服务平台等百度基础服务平台而打造的"云 + 端 + 内容"的智能车联网云服务平台，它为传统汽车、新能源汽车以及相关附属设备提供基础服务，为行业用户及领域内系统集成商提供定制化的车联网应用。

天工车联网云平台的基础性车联网服务类型包括"位置与轨迹"类、"监控与报警"类、"智能交互、车辆与设备管理"类、"驾驶管理"类、"智能诊断与维修"类、"内容与信息集成"类。百度车联网云架构如图 4-4 所示。

物流行业

分时租赁

前装车辆

图 4-4　百度车联网云架构

## 任务准备

### 一、工具设备介绍

| 子任务模块 | 设备及工具 |
| --- | --- |
| 阿里智联车管理云平台认知 | 计算机、浏览器 |
| 百度天工车联网云平台认知 | |

### 二、实操预演

步骤一：正确打开计算机和浏览器。

步骤二：正确搜索并打开阿里智联车管理云平台和百度天工车联网云平台官网。

步骤三：认知云平台产品优势、产品功能和应用场景。

## 任务实施

能够理解车云远程数据交互系统的相关概念、系统架构，加深对车云远程数据交互系统的感性认识。通过互联网查询更多的车云远程数据交互系统实例。

### 一、前期准备

1）准备好学生实训的计算机、浏览器。

2）准备好学生实训的工单。

## 二、实操演练

### 1. 认知阿里智联车管理云平台

| 实施步骤 | 使用工具 | 图示 | 操作要点 |
|---|---|---|---|
| 1. 打开计算机 | 系统版本 Windows 7 及以上 |  | 正确选择计算机开机按钮 |
| 2. 打开浏览器 | |  | 选择浏览器图标，双击打开或者鼠标右键打开 |
| 3. 打开百度首页 | |  | 地址栏输入网址：https://www.baidu.com/ |
| 4. 百度搜索"阿里智联车管理云平台" | | 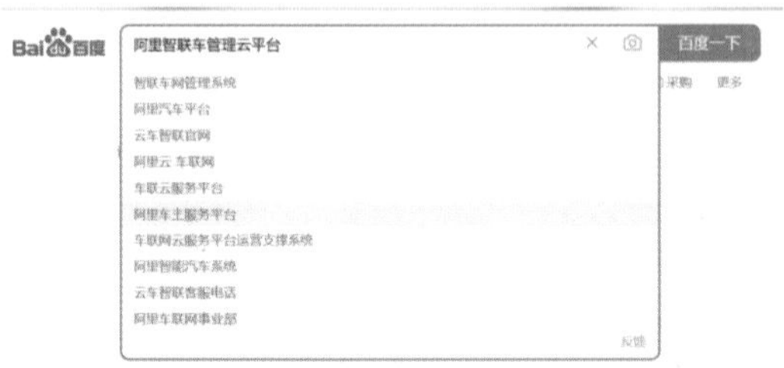 | 搜索框输入"阿里智联车管理云平台" |
| 5. 选择并进入阿里智联车管理云平台 | | 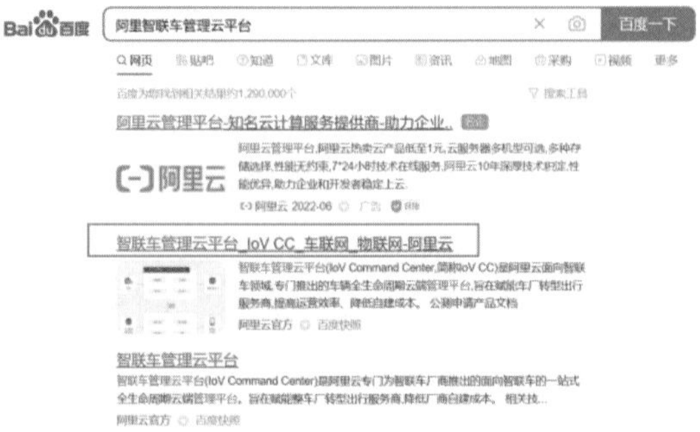 | 选择图中红框标注的名称，进入 |

（续）

| 实施步骤 | 使用工具 | 图示 | 操作要点 |
|---|---|---|---|
| 6. 查看阿里智联车管理云平台产品优势 | | 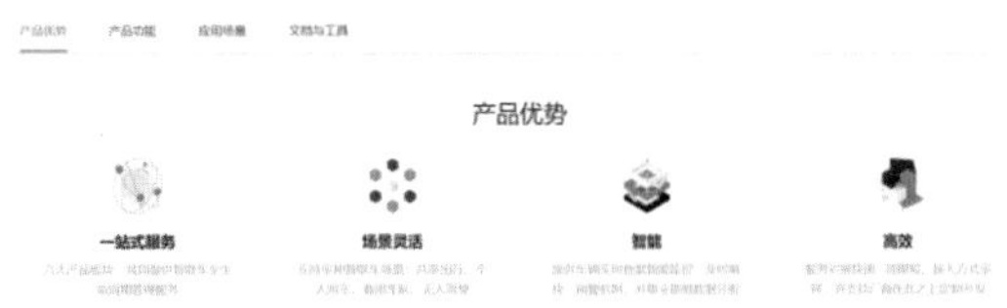 | |
| 7. 查看阿里智联车管理云平台产品功能 | 系统版本 Windows 7 及以上 | 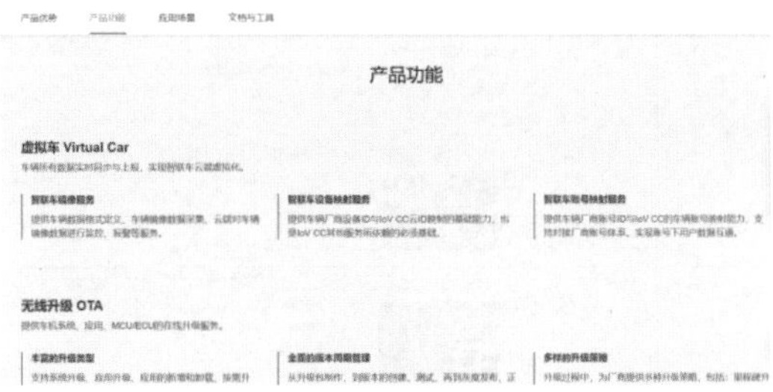 | 拖动浏览器滚动条进行查看 |
| 8. 查看阿里智联车管理云平台应用场景 | |  | |

## 2. 认知百度天工车联网云平台

| 实施步骤 | 使用工具 | 图示 | 操作要点 |
|---|---|---|---|
| 1. 打开计算机 | 系统版本 Windows 7 及以上 |  | 正确选择计算机开机按钮 |
| 2. 打开浏览器 | |  | 选择浏览器图标，双击打开或者鼠标右键打开 |

（续）

| 实施步骤 | 使用工具 | 图示 | 操作要点 |
|---|---|---|---|
| 3. 打开百度首页 | |  | 地址栏输入网址：https：//www.baidu.com/ |
| 4. 百度搜索"百度天工车联网云平台" | | | 搜索框输入"百度天工车联网云平台" |
| 5. 选择并进入百度天工车联网云平台 | 系统版本 Windows 7 及以上 | | 选择图中红框标注的名称，进入 |
| 6. 查看百度天工车联网云平台解决方案综述 | | | |
| 7. 查看百度天工车联网云平台解决方案架构图 | | | 拖动浏览器滚动条进行查看 |

**检测评价** •

车云远程数据交互系统的认知实操评分表

学生姓名：_____    学生学号：_____    操作用时：_____分钟

| 序号 | 作业内容 | 配分 | 作业项目 | 分值 | 扣分 | 备注 |
|---|---|---|---|---|---|---|
| 1 | 开启计算机，打开浏览器 | 20 | □开启计算机电源，打开计算机 | 10 | | |
| | | | □正确打开浏览器 | 10 | | |
| 2 | 通过浏览器进行阿里智联车管理云平台的认知 | 30 | □正确打开百度 | 10 | | 若有未完成的项目，根据情况酌情扣分 |
| | | | □正确搜索"阿里智联车管理云平台" | 10 | | |
| | | | □进入阿里智联车管理云平台官网 | 10 | | |
| 3 | 通过浏览器进行百度天工车联网云平台的认知 | 30 | □正确打开百度 | 10 | | |
| | | | □正确搜索"百度天工车联网云平台" | 10 | | |
| | | | □进入百度天工车联网云平台 | 10 | | |
| 4 | 关闭浏览器和计算机 | 20 | □关闭虚拟仿真软件 | 10 | | 若未操作，现场考评员提醒并扣除对应项目分值 |
| | | | □关闭计算机后拔下计算机电源插头 | 10 | | |
| | 合　计 | | | 100 | | |

考核成绩：_____    教师签字：_____

**任务小结** •

　　本任务内容主要是对车云远程数据交互系统的相关概念、体系结构以及系统实例进行了介绍，让读者对车云远程数据交互系统有一个清晰的认知，本任务主要内容思维导图如图 4-5 所示。

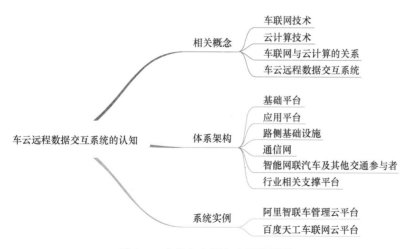

图 4-5　本任务主要内容思维导图

**任务工单** ●────────────────────────────────────────────

学生姓名：_____ 　　组别：_____ 　　实训日期：_____

### 一、任务描述

作为一名车云远程数据交互系统项目的运行维护人员，在进行运维前需要了解车云远程数据交互系统的体系架构，并能够了解车联网、云计算以及车云远程数据交互系统实例，你能完成此任务吗？

### 二、任务准备

1. 实训准备

1）认知阿里智联车管理云平台：多媒体实训室一间；计算机 50 台；每台计算机事先安装浏览器。

2）认知百度天工车联网云平台：多媒体实训室一间；计算机 50 台；每台计算机事先安装浏览器。

2. 知识准备

1）名词解释。

① 车联网技术。


② 云计算技术。


2）填写下图中各组成名称。

① _____；② _____；③ _____；
④ _____；⑤ _____；⑥ _____。

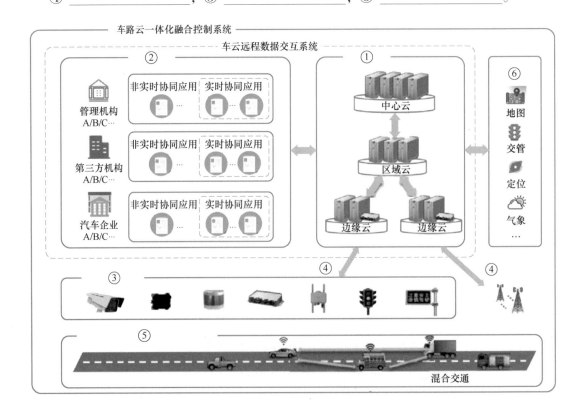

3）判断题。

① 云计算架构层次中 SaaS 表示软件即服务。 （　　）

② 云计算架构层次中 PaaS 表示软件即服务。 （　　）

### 三、任务要求

先完成阿里智联车管理云平台的认知，再完成百度天工车联网云平台的认知。

### 四、任务实施

1）完成阿里智联车管理云平台认知实训，将实训步骤写在下面：

_____

_____

_____

_____

2）完成百度天工车联网云平台认知实训，将实训步骤写在下面：

_____

_____

_____

_____

### 五、任务总结

请你总结此次任务中有哪些收获？有哪些地方需要进行自我改进？

1）主要收获：_____

_____

2）自我改进：_____

### 六、任务评价

| 评分项目 | 知识能力<br>（25分） | 实践能力<br>（25分） | 职业素养<br>（25分） | 工作规范 6S<br>（25分） | 总评 |
|---|---|---|---|---|---|
| 自我评定 | | | | | |
| 小组评定 | | | | | |
| 教师评定 | | | | | |
| 合计得分 | | | | | |

# 任务二　网络通信模块的安装调试

### ✅ | 任务导入

如果你是某车联网科技公司的技术人员，有机会参与某个车路协同项目，为保证项目中数据传输的正常，领导安排你和同事一起完成车载通信模块的安装与调试，你该怎样完成工作呢？

## 📺 | 任务分析

完成本次任务，首先要对车联网系统组成和车载终端有一定的认知，通过对"任务资讯"的学习，达到如下所列的知识目标、技能目标和素养目标的要求。

| 知识目标 | 1. 掌握车联网系统的组成。<br>2. 理解车载终端网络通信模块的基本概念。<br>3. 了解车载终端网络通信模块的原理架构。<br>4. 了解车载终端网络通信模块的基本功能。 |
| --- | --- |
| 技能目标 | 1. 具有安装车载终端设备网络通信模块的能力。<br>2. 具有调试车载终端设备网络通信模块的能力。 |
| 素养目标 | 1. 培养学生的综合学习能力。<br>2. 培养学生的团队协作能力。 |

## 🔊 | 任务资讯

### 一、网络通信模块的相关概念

随着互联网与无线技术的发展，越来越多的车辆搭载了车载无线通信设备，无线通信模块作为车载设备的核心，它决定了智能交通应用系统的通信能力、可靠程度及可普及的规模。车联网用的通信模块还需要具备传统的电话和短信等通信功能。根据支持的通信制式不同，可分5G、4G、3G 和2G 通信模块。目前主流的是全网通的4G LTE 通信模块，一般要求为车规级或工规级模块。5G 通信模块正在快速发展中，为V2X 提供更为快速的通信支持。

#### 1. 车联网系统的组成

车联网系统由主机、车载终端、手机APP 及后台监控系统四部分组成，如图4-6 所示。它具有"事前监督与事后核查并举"的功能，可提高道路运输安全系数。

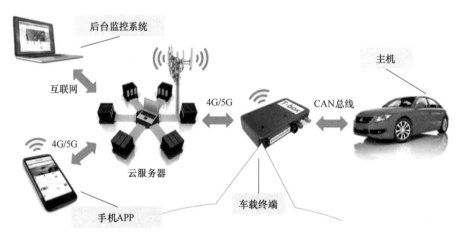

图 4-6　车联网系统组成

1）主机主要用于车内的影音娱乐以及车辆信息显示。

2）车载终端负责确定车辆位置、采集车辆运行状态，并上报后台监控中心。

3）手机 APP 及后台监控系统负责记录、统计和分析车载终端上报的数据，显示车辆运行状态，形成各种报表。用户通过浏览监管平台，可对车辆实时远程调度、监控及管理。现在的监控平台一般都采用云平台。

2. 车载终端网络通信模块

随着 5G 时代的到来，汽车智能化、网联化程度不断提高，车载终端 T-BOX（Telematics BOX）作为车辆与云端的信息交互点，扮演着重要的角色。T-BOX 的升级换代也为人们的出行实现了很多便利，同时也带来了极大的信息安全挑战，必须严格保证其数据传输的安全性、加密性、准确性，才能促进车载终端的进一步发展。

T-BOX 通过 4G/5G 远程无线通信、GPS 卫星定位、加速度传感和 CAN 通信功能，实现车辆远程监控、远程控制、安全监测和报警、远程诊断等多种在线应用。

T-BOX 主要包括 CAN 模块（控制器局域网总线技术）、MCU 模块（微控制单元）、通信模块、GPS 模块。而通信模块就是一个嵌入 T-BOX 内的基础零部件，从而实现汽车联网，如图 4-7 所示。

汽车 T-BOX 是由电源转换电路、车载诊断（OBD）、MCU、GPRS、GPS 以及传感器构成的车辆信息和定位传输系统。T-BOX 终端通过 OBD 模块和 MCU 模块，读取汽车 CAN 总线数据和私有协议，采集汽车的总线数据和对私有协议的反向控制。

通过 GPS 模块对车辆位置进行定位，同时使用网络模块通过网络将数据传出到云服务器，

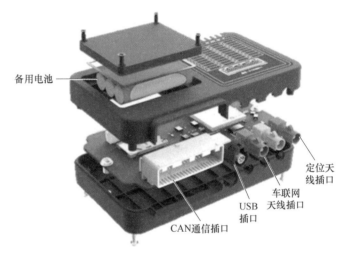

图 4-7　车载终端通信模块示意图

车主可以在手机 APP 端通过网络从云服务器中获取车况报告、行车报告、油耗统计、故障提醒、违章查询、位置轨迹、驾驶行为、安全防盗、预约服务、远程找车等信息，还可以在手机 APP 端通过网络与服务器的连接，间接与网络模块交互，继而通过网络模块与 MCU 之间的渠道，使 MCU 控制汽车门、窗、灯、锁、喇叭、双闪、反光镜折叠、天窗，监听中控警告和安全气囊状态等。

## 二、车载终端网络通信模块的原理架构

车载 T-BOX 设计架构：双路 DC/DC+ 双路 LDO+ 双核 OBD 模组 +STM32F103CBT6 为主控 +STM32F105RBT6 双核处理，外围为 GPRS+GPS+ 六轴 G-Sensor 和振动传感器供主控调用，外加两个 12V 输出，预留一路 UART。

车载 T-BOX 与主机通过 CAN 总线通信，实现指令与信息的传递，包括车辆状态信息、按键状态信息、控制指令等；通过音频连接，实现双方共用麦克与喇叭输出。T-BOX 与手机 APP 是通过后台系统以数据链路的形式进行间接通信（双向）。T-BOX 与后台系统通信还包括语音和短信两种形式，后者主要实现一键导航及远程控制功能。

ACC 熄火后，为了保证车载 T-BOX 工作电流更低，通信模块将会断开数据链路，仅保

智能网联汽车
车路协同系统装调与测试

留短信接收和电话打入功能。仅当需要远程控制时才需要发送短信，信息查询的是客服中心熄火前的数据，不需要发送短信。

### 三、网络通信技术

汽车上承载着各种各样的通信技术，一部分是用于与车外通信，比如 Wi-Fi、USB、4G 等，而另一部分通信技术是用于车内各个零部件之间通信，即车内网络通信技术。

1. 无线通信技术

无线通信技术（Wi-Fi），又称为"移动热点"，它以 Wi-Fi 联盟制造商的商标作为产品的品牌认证，是一个创建于 IEEE 802.11 标准的无线局域网技术。

无线通信技术不同于传统通信技术，其依靠电磁波与光波等介质实现信息数据传播，完全不需要天线来实现通信。

2. 移动通信技术

（1）第一代移动通信系统　第一代移动通信系统（1G）是在 20 世纪 80 年代初提出的，它完成于 20 世纪 90 年代初，如 NMT 和 AMPS，NMT 于 1981 年投入运营。第一代移动通信系统是基于模拟传输的，其特点是业务量小、质量差、安全性差、没有加密和速度低。1G 主要基于蜂窝结构组网，直接使用模拟语音调制技术，传输速率约 2.4kbit/s。不同国家采用不同的工作系统。

（2）第二代移动通信系统　第二代移动通信系统（2G）起源于 90 年代初期。欧洲电信标准协会在 1996 年提出了 GSM Phase 2+，目的在于扩展和改进 GSM Phase 1 及 GSM Phase 2 中原定的业务和性能。它主要包括客户化应用移动网络增强逻辑（CMAEL），支持最佳路由（SO）、立即计费、GSM 900/1800 双频段工作等内容，也包含了与全速率完全兼容的增强型话音编解码技术，使得话音质量得到了质的改进；半速率编解码器可使 GSM 系统的容量提高近一倍。

尽管 2G 技术在发展中不断得到完善，但随着用户规模和网络规模的不断扩大，频率资源已接近枯竭，语音质量不能达到用户满意的标准，数据通信速率太低，无法在真正意义上满足移动多媒体业务的需求。

（3）第三代移动通信系统　第三代移动通信系统（3G），也称为 IMT 2000，其最基本的特征是智能信号处理技术，智能信号处理单元将成为基本功能模块，支持话音和多媒体数据通信，它可以提供前两代产品不能提供的各种宽带信息业务，例如高速数据、慢速图像与电视图像等。如 WCDMA 的传输速率在用户静止时最大为 2Mbit/s，在用户高速移动时最大支持 144kbit/s，所占频带宽度 5MHz 左右。

3G 移动通信网络相对于 2G 网络的优势在于更大的系统容量和更好的通信质量，且能够实现全球范围的无缝漫游，为通信用户提供语音、数据和多媒体等多种形式的通信服务。

（4）第四代移动通信系统　第四代移动通信系统（4G）是集 3G 与 WLAN 于一体并能够传输高质量视频图像且图像传输质量与高清晰度电视不相上下的技术产品。4G 系统能够以 100Mbit/s 的速度下载，比拨号上网快 2000 倍，上传的速度也能达到 20Mbit/s，并能够满足几乎所有用户对于无线服务的要求。而在用户最为关注的价格方面，4G 与固定宽带网络在价格方面不相上下，而且计费方式更加灵活机动，用户完全可以根据自身的需求确定所需的服务。此外，4G 可以在 DSL 和有线电视调制解调器没有覆盖的地方部署，然后再扩展到整个地区。很明显，4G 有着不可比拟的优越性。

（5）第五代移动通信系统　第五代移动通信系统（5G），通俗讲就是第五代移动通信技术，但与 4G、3G、2G 不同的是，5G 并不是独立的、全新的无线接入技术，而是对现有无线接入技术（包括 2G、3G、4G 和 Wi-Fi）的技术演进，以及一些新增的补充性无线接入技术集成后解决方案的总称。从某种程度上讲，5G 将是一个真正意义上的融合网络，以融合和统一的标准，提供人与人、人与物以及物与物之间高速、安全和自由的联通。

### 3. CAN 总线

控制器局域网络（Controller Area Network，CAN）具有优秀的实时性、可靠性、抗干扰性以及低成本等特性，从众多的控制总线协议中脱颖而出，并通过国际标准 ISO 11898 以及 ISO 11519 进行标准化，最终成为汽车网络的标准协议之一。

（1）CAN 总线数据传输原理　CAN 总线使用传输相反信号的两条导线构成双绞线进行通信，这两条导线分别称为 CAN-High 线和 CAN-Low 线，用两条导线上的不同电压差值表示不同的电平信号来提高抗干扰性，因为外界干扰总是比较均匀地作用在绞在一起的两条线上，使得两条导线的电压差在干扰下依旧能够保持稳定，然后通过在接收端使用差动信号放大器进行干扰过滤，因此 CAN 总线具有优秀的可靠性和抗干扰性。

（2）CAN 总线通信模型　与传统以太网不同，CAN 总线协议没用使用源地址和目标地址来区分发送方和接收方，而是使用唯一标识符（称为 CANID）对报文进行标识区分，当节点检测到总线上传输的报文的 CANID 在自己接收报文的名单内时则接收并进行处理。

### 4. 以太网

随着汽车各种功能的丰富，汽车上接入越来越多的多媒体设备，与外界网络信息交流也愈发频繁，车载网络对带宽和网络通用性的需求也越来越高，作为传统局域网络的以太网技术自然成了汽车相关行业厂商们的首选目标，但传统以太网因为抗干扰性差、延迟高等缺点，不能直接应用在汽车上，因此一些厂商对以太网进行了改造工作。自 2011 年起，由博通（Broadcom）、恩智浦（NXP）以及宝马（BMW）公司联合创建的 OPEN（One-Pair EtherNet）联盟，开始推动以太网在车载网络上的广泛应用，并着手制订一系列的车载以太网的规范，以太网在汽车行业开始得到应用。

为了满足车载网络需求，车载以太网在物理层、数据链路层进行了较大的优化。但针对车载网络的特性和需求，也有专门的应用层协议被开发出来，例如 SOME/IP、DOIP。

## 四、边缘计算在车联网的应用

作为云计算的补充，移动边缘计算在靠近用户的网络节点部署具有一定数量的计算、存储等资源的服务器，通过计算卸载和数据卸载等方式，使用户可以充分利用边缘资源，强化了网络边缘的支撑力量，避免了大量数据从移动设备经由核心网至远端云的传输，缓解了核心网的带宽压力，减少了网络的不确定性和服务响应延迟，实现更好的网络服务质量。

在靠近网络接入的路侧基础设施上进行边缘计算，它的好处是非常明显的：第一，有利于准确度的提升；第二，不需要占用过多的核心网或者骨干网络带宽；第三，有效降低时延，在网络的边缘侧只要通过基站就可以直接将消息分发给路上的终端，数据传输路径比互联网到无线核心网再到无线接入网的路径短了很多。

### 1. 边缘云在 5G 网络中的位置

边缘计算在车联网中发挥着重要作用，目前我们看到各地关于 C-V2X 的新基建建设项目，重点的内容就是 C-V2X 应用和移动边缘计算（MEC）服务的建设和部署。

图 4-8 展示了无线网络的架构图及 MEC 在网络中的位置，左边是一些终端，通过 5G 基站接入 5G 核心网络，最终抵达互联网上部署的各种业务。其中核心网分为上面的控制面设备（CCF）和下面的用户面设备（UPF）。

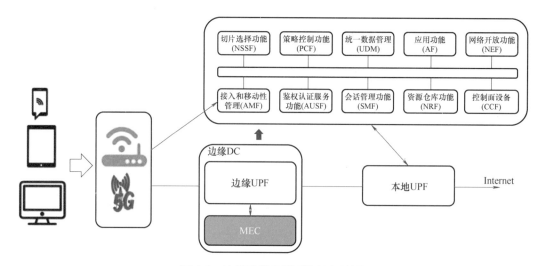

图 4-8　边缘计算无线网络的架构图

控制面有很多的功能实体，这些功能都是 5G 网络专用的核心网网元（网元由一个或多个机盘或机框组成，能够独立完成一定的传输功能）。MEC 需要部署在边缘网关 UPF 附近，通过本地分流能力将移动端用户的业务请求引导到 MEC 上，由 MEC 上部署的应用为其提供服务。

### 2. 云端 V2X 信息处理

图 4-9 展示了典型的应用部署场景，车辆直接和路侧的无线基站或者 RSU 通信，路侧摄像头和雷达等传感器数据送到路侧 MEC 计算，然后通过无线基站或者 RSU 把道路的一些异常事件下发给车辆或行人。

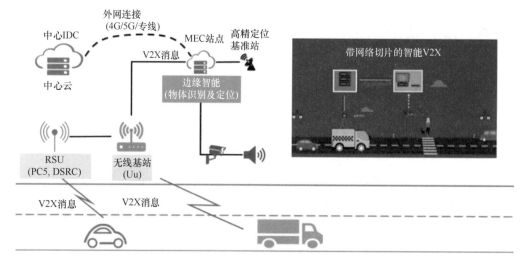

图 4-9　典型应用部署场景

## 🗍 | 任务准备

### 一、工具设备介绍

| 子任务模块 | 设备及工具 |
| --- | --- |
| 车载终端设备网络通信模块的安装 | 汽车（车模）、车载终端、SIM卡 |
| 车载终端设备网络通信模块的调试 | 计算机、车载终端、调试软件 |

### 二、实操预演

步骤一：正确安装车载终端设备网络通信模块。

步骤二：正确调试车载终端设备网络通信模块。

## ✐ | 任务实施

能够利用所学知识与技能完成车载终端设备网络通信模块的安装与调试，加深对车载终端设备网络通信模块原理与功能的认识。车载终端设备的品牌和型号有很多，本次任务选用福田智科的 ZKC02B 车载终端设备。如果实训设备充足，可直接进行基于实物的实训。如果不具备基于实物的实训条件，可应用车模开展实训。

### 一、前期准备

1）准备好学生实训的汽车（车模）、车载终端、SIM 卡、计算机、调试软件。

2）准备好学生实训的工单。

### 二、实操演练

1. 安装车载终端设备网络通信模块

| 实施步骤 | 使用工具 | 图示 | 操作要点 |
| --- | --- | --- | --- |
| 1. 了解车载终端的面板结构 | 车载终端 | <br>● 液晶屏：点阵式液晶屏，显示车辆和终端信息。<br>● 按键：【菜单】、【▲】、【▼】、【确定】，用于操作主机。<br>● USB 插口：插入 U 盘，进行存储数据的导出和本地升级。<br>● TF 卡插口：用于存储大量的音频和图像数据。<br>● RS232 插口：用于终端调试连接计算机。<br>● 驾驶人卡插槽：用于驾驶人登录时插入驾驶人卡。<br>● 打印机：内嵌热敏打印机，用户可随时打印车辆信息、驾驶人信息、停车前 15min 内每分钟的平均车速、停车时间和超时驾驶记录等行驶记录数据。 | 按照图示完成车载终端面板的认知 |

（续）

| 实施步骤 | 使用工具 | 图示 | 操作要点 |
|---|---|---|---|
| 2. 了解车载终端显示屏主界面的信息含义 | 车载终端 | <br><br>|  内容 | 具体说明 |<br>|---|---|<br>| ▼ | GSM无信号 |<br>| ▼ıl | GSM信号正常 |<br>| G | 未连接平台 |<br>| Gıl | 已接入平台 |<br>| ✕ | 模块或天线故障 |<br>| ✕ | 未定位 |<br>| ▲ | 已定位，指示车头方向 |<br>| ✉ | 有未读短消息 |<br>| ⚡ | 备电接入且正在充电 |<br>| ⚡ | 备电未接入 |<br>| ⚠ | 当前有报警信号 |<br>| 👤 | 驾驶人未登录 |<br>| 👤 | 驾驶人已登录 |<br>| 0km/h | 当前车速 |<br>| 15:24:09 | 当前时间 | | 显示屏主界面显示 GPRS 信号强度、联网状态、定位及其天线接线状态、供电状态、短消息（如有未读短消息）、故障提醒、驾驶人登录状态、当前时间和车速 |
| 3. 终端安装或补装 SIM 卡 | 汽车、车载终端、SIM 卡 |  <br>➤ 注意：确保 SIM 卡可以正常使用，并已开通 GPRS 功能；插、拔 SIM 卡前，应切断外部电源；插、拔 SIM 卡时，应小心轻放，避免损坏卡槽 | 用小号十字螺丝刀拧开车载终端的 SIM 卡盖的螺钉；取下 SIM 卡盖，向左拨开 SIM 卡槽，将 SIM 卡放入卡槽中；向右拨动卡槽锁死 SIM 卡，确保 SIM 卡接触良好且不易脱落；安装好 SIM 卡后，装上 SIM 卡盖，拧上螺钉 |
| 4. 了解车载终端后视示意图 | 车载终端 | <br><br>| 标号 | 端口名称 | 示意图 | 标号 | 端口名称 | 示意图 |<br>|---|---|---|---|---|---|<br>| ① | BD/GPS天线插口 | | ⑥ | RS232信号插口 | |<br>| ② | 摄像头插口1 | | ⑦ | 电源及主要信号插口 | |<br>| ③ | 摄像头插口2 | | ⑧ | GPRS天线插口 | |<br>| ④ | 模拟量信号插口 | | ⑨ | GPRS天线插口 | |<br>| ⑤ | 报警信号插口 | | | | | | 按照图示完成车载终端面板的认知 |

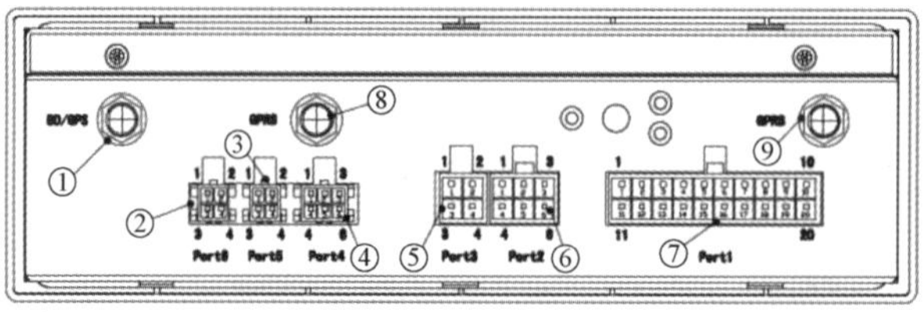

## 2. 调试车载终端设备网络通信模块

| 实施步骤 | 使用工具 | 图示 | 操作要点 |
|---|---|---|---|
| 1. 连接计算机和终端 | 计算机、车载终端 |  | 打开终端的 USB 盖，将串口线插接到终端的串口上；串口线另一端接入计算机串口。也可用串口-USB 线转接分别连接终端和计算机，计算机端需安装 USB 转串口驱动 |

（续）

| 实施步骤 | 使用工具 | 图示 | 操作要点 |
|---|---|---|---|
| 2. 运行调试软件 | 计算机、调试软件 | 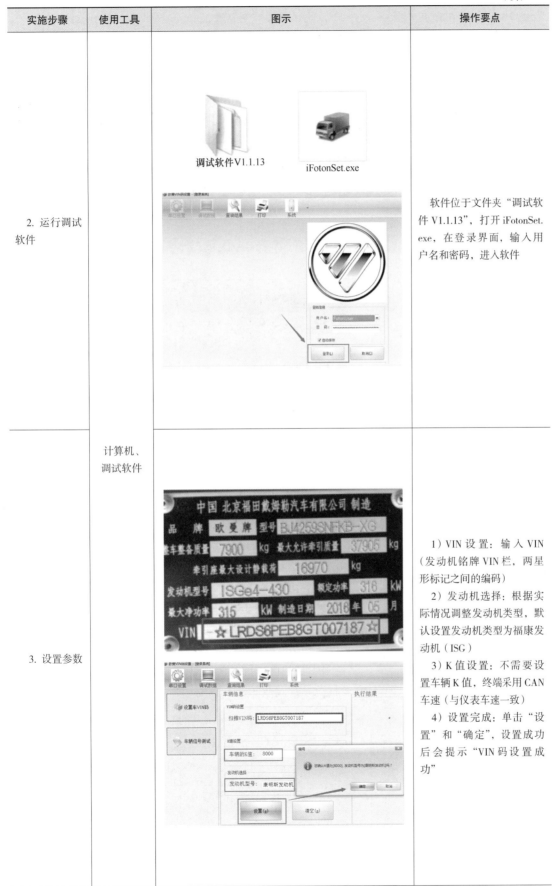 | 软件位于文件夹"调试软件 V1.1.13"，打开 iFotonSet.exe，在登录界面，输入用户名和密码，进入软件 |
| 3. 设置参数 | | | 1）VIN 设置：输入 VIN（发动机铭牌 VIN 栏，两星形标记之间的编码）<br>2）发动机选择：根据实际情况调整发动机类型，默认设置发动机类型为福康发动机（ISG）<br>3）K 值设置：不需要设置车辆 K 值，终端采用 CAN 车速（与仪表车速一致）<br>4）设置完成：单击"设置"和"确定"，设置成功后会提示"VIN 码设置成功" |

（续）

| 实施步骤 | 使用工具 | 图示 | 操作要点 |
|---|---|---|---|
| 4. 检查基本功能 | 车载终端 | 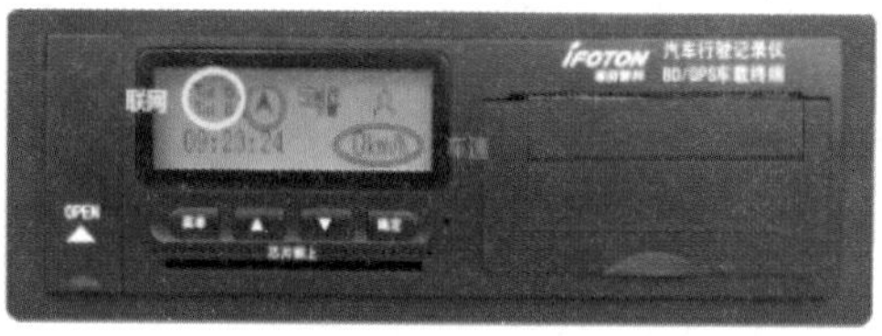 | 打开点火开关至 ACC ON，起动车辆车载终端屏幕点亮，检查终端基本信息<br>1）联网：如果在图中联网位置说明设备已经上线，否则设备没有上线<br>2）定位：如果是图示定位位置说明设备已经定位，否则设备没有正常定位<br>3）车速：如果在车辆开动的时候，图中 0km/h 的地方有变动、显示车速，说明设备能采集到车速 |
| 5. 检测 CAN 总线通信功能 | | 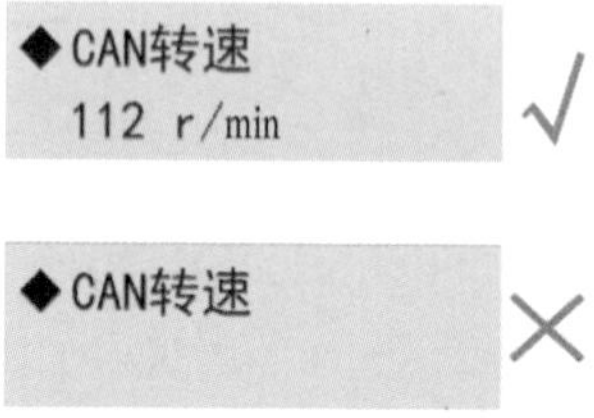 ◆CAN转速<br>112 r/min ✓<br><br>◆CAN转速 ✗ | 通过路径"菜单 - 系统自检 -CAN 信息"找到 CAN 转速。起动车辆（原地驻车），看是否有转速。如果有转速，就说明 CAN 通信检验通过 |

## 检测评价

网络通信模块的安装调试实操评分表

学生姓名：_____    学生学号：_____    操作用时：_____分钟

| 序号 | 作业内容 | 配分 | 作业项目 | 分值 | 扣分 | 备注 |
|---|---|---|---|---|---|---|
| 1 | 准备车载终端设备 | 10 | □准备车载终端设备 | 10 | | |
| 2 | 安装车载终端设备网络通信模块 | 20 | □找到 SIM 卡安装位置 | 10 | | 若有未完成的项目，根据情况酌情扣分 |
| | | | □正确安装 SIM 卡 | 10 | | |
| 3 | 调试车载终端设备网络通信模块 | 40 | □开启计算机电源，打开计算机 | 10 | | |
| | | | □正确安装调试软件 | 10 | | |
| | | | □正确设置参数 | 10 | | |
| | | | □完成 CAN 总线通信功能的检测 | 10 | | |
| 4 | 关闭虚拟仿真软件和计算机 | 30 | □关闭调试软件 | 10 | | 若未操作，现场考评员提醒并扣除对应项目分值 |
| | | | □关闭计算机后拔下计算机电源插头 | 10 | | |
| | | | □关闭车载终端并锁车 | 10 | | |
| 合　计 | | | | 100 | | |

考核成绩：_____    教师签字：_____

## 任务小结

本任务内容主要对网络通信模块的相关概念、车载终端网络通信模块的原理架构、网络通信技术以及边缘计算在车联网的应用进行了介绍，让读者对车载终端网络通信模块有一个清晰的认知，本任务主要内容思维导图如图 4-10 所示。

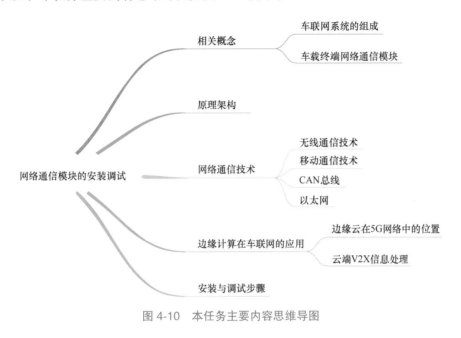

图 4-10    本任务主要内容思维导图

## 任务工单

学生姓名：＿＿＿＿＿＿　　　组别：＿＿＿＿＿＿　　　实训日期：＿＿＿＿＿＿

### 一、任务描述

作为一名车联网项目的系统维护人员，需要了解车联网系统的组成以及车载终端网络通信模块的安装和调试，你能完成此任务吗？

### 二、任务准备

1. 实训准备

1）车载终端设备网络通信模块的安装实训：实训室一间；汽车或者车模；车载终端；SIM 卡。

2）车载终端设备网络通信模块的调试实训：多媒体实训室一间；计算机 50 台；车载终端；调试软件。

2. 知识准备

1）简答题。

简述车联网系统的组成。

2）填空题。

① 车联网系统由_____、_____、_____及_____四部分组成。

② T-BOX 通过_____远程无线通信、GPS 卫星定位、加速度传感和 CAN 通信功能，实现车辆远程监控、远程控制、安全监测和报警、远程诊断等多种在线应用。

**三、任务要求**

先完成车载终端设备网络通信模块的安装，再完成车载终端设备网络通信模块的调试。

**四、任务实施**

1）完成车载终端设备网络通信模块的安装实训，将实训步骤写在下面：

_____

_____

_____

_____

2）完成车载终端设备网络通信模块的调试实训，将实训步骤写在下面：

_____

_____

_____

_____

**五、任务总结**

请你总结此次任务中有哪些收获？有哪些地方需要进行自我改进？

1）主要收获：_____

2）自我改进：_____

**六、任务评价**

| 评分项目 | 知识能力<br>（25分） | 实践能力<br>（25分） | 职业素养<br>（25分） | 工作规范 6S<br>（25分） | 总评 |
|---|---|---|---|---|---|
| 自我评定 | | | | | |
| 小组评定 | | | | | |
| 教师评定 | | | | | |
| 合计得分 | | | | | |

# 任务三　云端系统的测试与应用

## ✅ ｜任务导入

如果你是某车联网科技公司的技术人员，有机会参与某个车联网项目，项目使用的云平台是阿里智联车管理云平台，需要你为大家做一个使用培训，你该如何完成呢？

## 🖥 ｜任务分析

完成本次任务，首先要对阿里智联车管理云平台有一定的认知，通过对"任务资讯"的学习，达到如下所列的知识目标、技能目标和素养目标的要求。

| 知识目标 | 1. 理解阿里智联车管理云平台的应用场景。<br>2. 掌握阿里智联车管理云平台的基本功能。 |
|---|---|
| 技能目标 | 1. 具有描述智联车管理云平台应用场景的能力。<br>2. 具有利用智联车管理云平台实现车辆管理等应用的能力。 |
| 素养目标 | 1. 培养学生的综合学习能力。<br>2. 培养学生思维构建能力。 |

## 🔊 ｜任务资讯

### 一、阿里智联车管理云平台简介

#### 1. 产品概述

阿里智联车管理云平台（IoV Command Center，IoV CC）是阿里云为智能网联汽车领域提供的完整解决方案。它提供了无线升级（OTA）、远程协助、在线虚拟车（Virtual Car）、多端数据同步、消息服务等内容，每个内容的具体工作已经在任务一中介绍过，这里不再赘述。

#### 2. 应用场景

智联车管理云平台可以应用于不同的智联车使用场景中，例如：私人用车、商用车队、共享出行，并且用户可根据自己的使用需求，选择单独任一模块或多模块组合使用。

以下根据智联车管理云平台主要五个模块，来介绍对应的五种典型应用场景。

（1）无线升级　相比传统汽车，智联车在车辆售出后，厂商还可通过无线升级（OTA）的方式触达用户，解决以下问题：

1）车机系统存在问题，需要修复，可通过系统升级的方式解决。

2）推出新服务，例如新的语音交互方式、新的地图导航，需要推给用户，可通过系统升级、应用升级的形式，将最新的服务推荐给用户。

3）ECU 或者 MCU 的升级，对车辆微控制器，例如防抱死制动系统、安全气囊系统进行升级。集成无线升级（OTA）功能，对于车厂来说，不仅可以降低后期维修成本，还可以在车辆出售后采用简单便捷的方式进行用户触达、实现后向运营。

无线升级应用场景如图 4-11 所示。

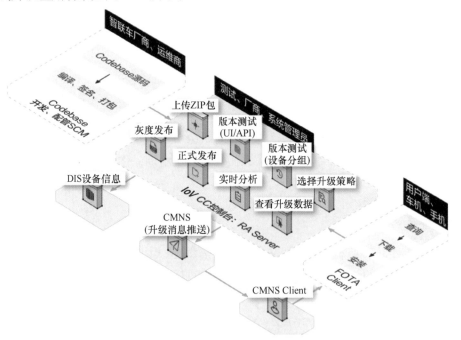

图 4-11　无线升级应用场景

（2）远程协助　在智联车的使用过程中，当车辆出现软件问题时，维修人员可通过远程指令的下发，例如远程截屏等，诊断车辆设备问题原因。

除此之外，维修人员还可通过远程控制功能，在得到车机端用户授权的情况下，在远程云端查看实时桌面屏幕，并在云端单击桌面进行操作，同步的车机端也会响应操作指令，更加直观地查看和解决问题。

当通过远程诊断，发现问题需要修复解决时，还可通过无线升级（OTA）的形式进行问题修复。

远程协助应用场景如图 4-12 所示。

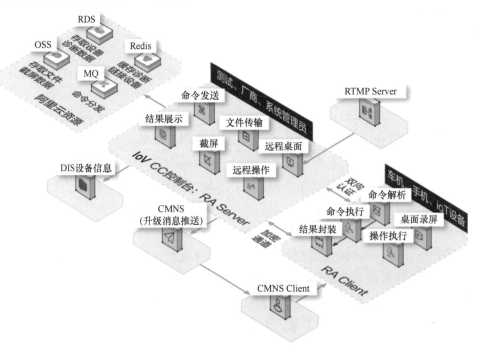

图 4-12　远程协助应用场景

（3）在线虚拟车　通过在线虚拟车模块，车厂可解决以下问题：

1）获取车辆激活状态，可以清楚地追踪到车辆的激活、在线状态，方便用户查看智联车的使用数据。

2）查看车辆实时信息，例如车辆位置信息、油耗、里程数和使用时长等，并根据这些基本信息，进行一些基础的监控和预警。

3）通过设备镜像和远控接口，实现一些基础操作，例如：车辆的解锁/上锁、车辆行李舱的开关、车内空调的开启和车辆鸣笛。

在线虚拟车应用场景如图 4-13 所示。

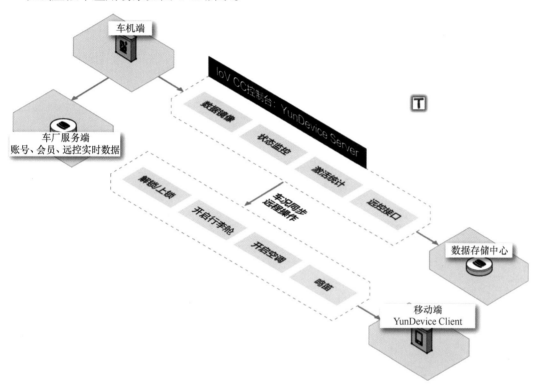

图 4-13　在线虚拟车应用场景

（4）多端数据同步　多端数据同步，即 SyncStore 实现多端数据同步，例如：实现同一个用户手机与车机设备上车辆信息的实时同步，以便用户可在手机上查看车辆信息，或进行一些远程操作。或者在多个用户手机上，都可实时查看到每一辆车当前的信息，例如共享出行业务中，用户需要查看最近的车辆停放位置和电量是否足够等信息。

除此之外，车厂还可以根据 SyncStore 存储的数据，制订数据触发器，当达到制订数值阈值时，会及时预警提醒。例如，共享出行业务中，若使用的纯电动汽车，当电量降到某一数值时，就会提醒正在使用的用户及时充电。此外，SyncStore 的数据还支持对外输出，车厂可结合阿里云数据产品，例如：流计算、Pai 平台进行数据的加工、计算和更多样的数据展现。

多端数据同步应用场景如图 4-14 所示。

（5）消息服务　消息服务（CMNS）是 IoV CC 的底层服务之一，无线升级（OTA）、远程协助（RA）都会依赖 CMNS 长连接通道能力，实现消息的下发和回传。

同样，集成 IoV CC 的厂商，也可使用 CMNS 来进行消息的下发和回传。例如：车厂可通过 CMNS 通道下发通知消息，通过消息通知用户，吸引用户使用某项服务或进行某些操作。

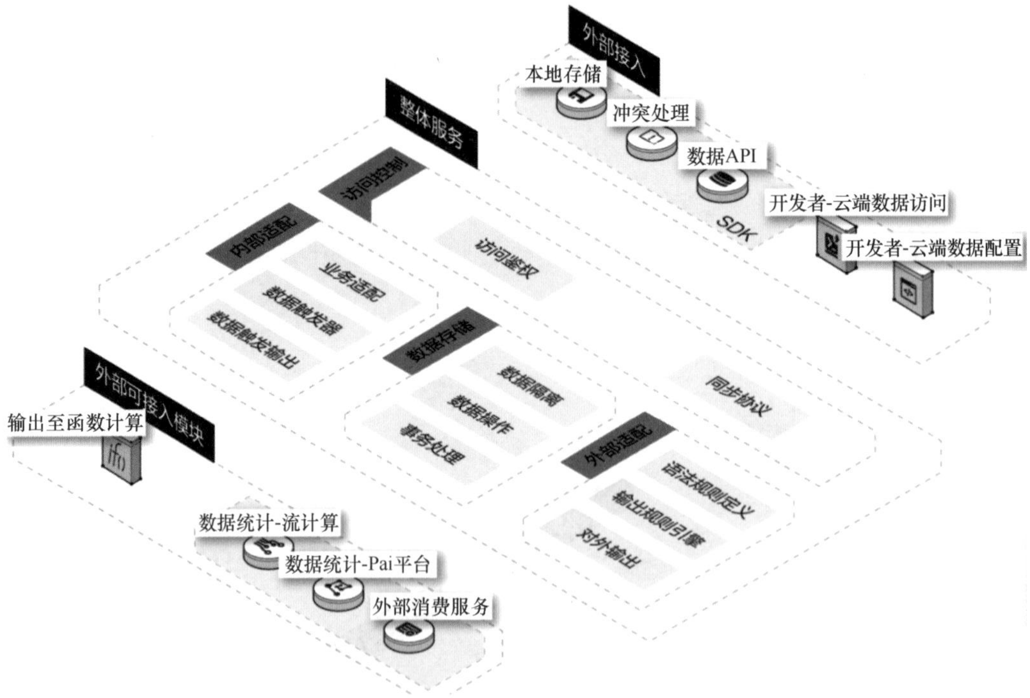

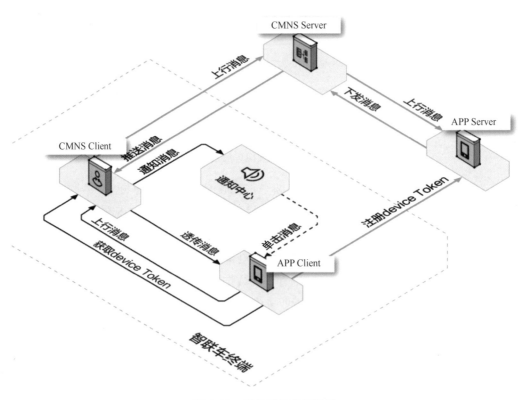

图 4-14　多端数据同步应用场景

消息服务应用场景如图 4-15 所示。

图 4-15　消息服务应用场景

3. 产品优势

阿里云智联车管理云平台的优势见表 4-1。

表 4-1　阿里云智联车管理云平台的优势

| 优势 | 基于智联车管理云平台的车辆研发 | 传统车辆研发 |
|---|---|---|
| 一站式服务 | 开通 IoV CC 服务，只需要端侧集成 IoV CC SDK，就可在云端实现对智联车车辆设备的状态查看、追踪、远程诊断、升级、预警等一系列的云端管理操作，方便车厂对车辆全生命周期的维护和监控 | 传统模式下，车辆出售后，厂商很难掌握车辆基本状态信息，并且车辆软件问题修复成本非常高，也很难将更新的服务推给消费者 |
| 高效 | 从开通服务，到完成 IoV CC SDK 的获取、集成、打包，一般厂商开发者，只需要一到两周即可完成前期对接 | IoV CC 是随 YunOS 发展多年，逐步沉淀积累下来的面向智联车的通用服务。车厂自主研发，需要端侧与云端工程师联合开发，工作量巨大且效率低，不建议使用 |
| 场景灵活 | 作为针对智联车的基础管理平台，IoV CC 可应用到不同的智联车使用场景中，例如：私人用车、商用车队、共享出行等。厂商可根据自己的使用需求，选择所需产品模块，并在 IoV CC 服务的基础上按需定制开发 | 车辆厂商、运维商需要开发完整的服务来适应不同的场景，成本太高 |
| 智能 | 提供丰富维度的车辆数据信息。在无线升级（OTA）服务中，提供升级全链路的数据追踪报表，方便车厂及时了解升级进度和升级效率。并且，厂商可自定义数据计算规则，及时查看最关心的数据变化 | 数据无法获取、分析 |

## 二、阿里智联车管理云平台的功能

### 1. 服务开通

要使用阿里智联车管理云平台，需要先进入产品页进行开通。开通后，可以参照如图 4-16 所示流程进行服务的接入和使用。

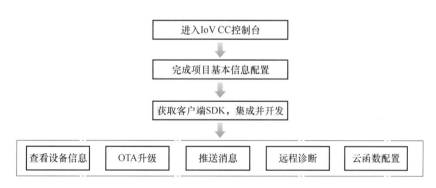

图 4-16　服务接入流程

接入步骤如下：

1）登录账号，进入 IoV CC 控制台。

2）根据不同的需求场景（例如：不同的车辆品牌、不同的部门、不同的销售大区，设备需要分别维护），可以通过创建不同的项目来实现。阿里智联车管理云平台会按照项目进行数据的存储和隔离。

3）在项目下，下载客户端 SDK，集成到所需的设备端（例如：车机端系统内、移动端APP 内），并完成开发测试。

4）当设备激活后，可以登录 IoV CC 控制台，进行设备信息的查看、为指定设备进行无线升级（OTA）或推送消息、进行远程诊断、进行云函数的配置等工作。

2. 项目创建

（1）明确什么时候需要创建项目　项目可用于数据和服务的隔离。不同部门之间、不同产品线之间，要做到数据及服务的隔离，可以通过创建不同的项目来实现。

（2）明确如何创建项目　在"项目 Project"—"项目列表"界面，单击"创建项目"按钮。按要求填写名称及描述，单击"确定"按钮，即完成项目的创建，如图 4-17 所示。

图 4-17　创建项目界面

项目创建完成后，将在"项目 Project"的"项目列表"下看到该项目，如图 4-18 所示。

图 4-18　项目列表界面

单击"详情"链接，将进入该项目的详情界面，如图 4-19 所示。

图 4-19　项目详情界面

3. 应用创建

（1）明确什么时候需要创建应用　应用创建完成后，可以下载客户端SDK（相关的ak/sk以安全的方式植入），然后进行自主的应用开发。创建的应用，可以在OTA服务模块进行自主升级。另外，对于消息推送服务的接入，同样需要创建应用。

（2）明确如何创建应用　在项目详情页面（"项目Project"—"项目列表"—"详情"），找到"应用管理"—"自定义应用"，单击"创建应用"按钮，将展示如图4-20所示界面，按要求填写名称、包名，单击"确定"按钮，即完成应用的创建。

图4-20　创建应用界面

## 任务准备

### 一、工具设备介绍

| 子任务模块 | 设备及工具 |
| --- | --- |
| 阿里云注册与智联车管理云平台使用申请 | 计算机、浏览器 |
| 利用智联车管理云平台体验车辆管理应用 | 计算机、浏览器、移动设备 |

### 二、实操预演

步骤一：利用互联网搜索阿里智联车管理云平台。

步骤二：注册阿里云账号并进行智联车管理云平台公测申请。

步骤三：利用智联车管理云平台体验车辆管理应用。

## 任务实施

能够利用互联网搜索阿里智联车管理云平台，并完成账号注册与登录，能够利用智联车

管理云平台体验车辆管理应用，掌握阿里智联车管理云平台的基本功能与操作，加深对车云远程数据交互系统原理与系统架构的认识。

## 一、前期准备

1）准备好学生实训的计算机、浏览器、移动设备。
2）准备好学生实训的工单。

## 二、实操演练

### 1. 阿里云注册与智联车管理云平台使用申请

| 实施步骤 | 使用工具 | 图示 | 操作要点 |
|---|---|---|---|
| 1. 打开计算机 | 系统版本Windows 7及以上 | | 正确选择计算机开机按钮 |
| 2. 打开浏览器 | | | 选择浏览器图标，双击打开或者鼠标右键打开 |
| 3. 打开百度首页 | | | 地址栏输入网址：https://www.baidu.com/ |
| 4. 搜索并进入阿里智联车管理云平台官网 | | 产品优势 | 百度搜索"阿里智联车管理云平台"，进入官网 |

（续）

| 实施步骤 | 使用工具 | 图示 | 操作要点 |
|---|---|---|---|
| 5. 注册账号 | |  | 选择"公测申请"或者顶端菜单栏中"控制台"，进入登录注册页面 |
| 6. 修改登录信息 | 系统版本 Windows 7 及以上 |  | 进入个人中心，修改登录名和密码 |
| 7. 公测申请 | |  | 选择首页"公测申请"，填写信息，等待审核 |

## 2. 利用智联车管理云平台体验车辆管理应用

| 实施步骤 | 使用工具 | 图示 | 操作要点 |
|---|---|---|---|
| 1. 项目创建 | 系统版本 Windows 7 及以上、浏览器 |  | 在"项目 Project"—"项目列表"页面，单击"创建项目"按钮 |

（续）

| 实施步骤 | 使用工具 | 图示 | 操作要点 |
|---|---|---|---|
| 2. 进入项目详情页面 | |  | 在"项目Project"的"项目列表"下看到该项目，单击"详情"链接，将进入该项目的详情页面 |
| 3. 创建应用 | | | 在"项目Project"—"项目列表"—"详情"，找到"应用管理"—"自定义应用"，单击"创建应用"按钮。按要求填写名称、包名，单击"确定"按钮，即完成应用的创建 |
| 4. 定义设备范式 | 系统版本Windows 7 及以上、浏览器 | | 左侧菜单中单击"设备范式"，单击"新增"按钮，即可创建设备范式 |
| 5. 查看设备影子 | | | 首先在设备ID的输入框中输入要查看的设备ID，设备ID可以在云ID菜单下的设备中心看到。然后单击"搜索"，即可查看该设备的当前状态 |
| 6. 创建设备订阅 | | | 单击"设备范式"菜单，在进入的页面中，单击"设备订阅"标签，单击"新增"按钮，可以创建设备订阅 |

（续）

| 实施步骤 | 使用工具 | 图示 | 操作要点 |
|---|---|---|---|
| 7. 配置自定义订阅规则 | 系统版本Windows 7及以上、浏览器 |  | 设置完要订阅的信息之后，可以进入弹框右边的"配置自定义订阅规则"页面 |

## 检测评价

云端系统的测试与应用实操评分表

学生姓名：_____    学生学号：_____    操作用时：_____分钟

| 序号 | 作业内容 | 配分 | 作业项目 | 分值 | 扣分 | 备注 |
|---|---|---|---|---|---|---|
| 1 | 阿里云注册与智联车管理云平台使用申请 | 40 | □开启计算机电源，打开计算机 | 10 | | |
| | | | □打开浏览器，进入阿里智联车管理云平台官网 | 10 | | |
| | | | □完成账号注册与登录 | 10 | | |
| | | | □完成公测申请 | 10 | | |
| 2 | 在智联车管理云平台体验各个功能 | 20 | □正确选择各级菜单 | 10 | | 若未操作，现场考评员提醒并扣除对应项目分值 |
| | | | □正确选择各级菜单下的功能 | 10 | | |
| 3 | 在智联车管理云平台创建项目和应用 | 20 | □正确创建项目 | 10 | | |
| | | | □正确创建应用 | 10 | | |
| 4 | 关闭浏览器和计算机 | 20 | □退出智联车管理云平台 | 10 | | |
| | | | □关闭浏览器和计算机后拔下计算机电源插头 | 10 | | |
| | 合　计 | | | 100 | | |

考核成绩：_____    教师签字：_____

## 任务小结

　　本任务内容主要是对阿里智联车管理云平台的应用场景和功能进行了介绍，让读者对车云远程数据交互系统有一个清晰的认知，本任务主要内容思维导图如图4-21所示。

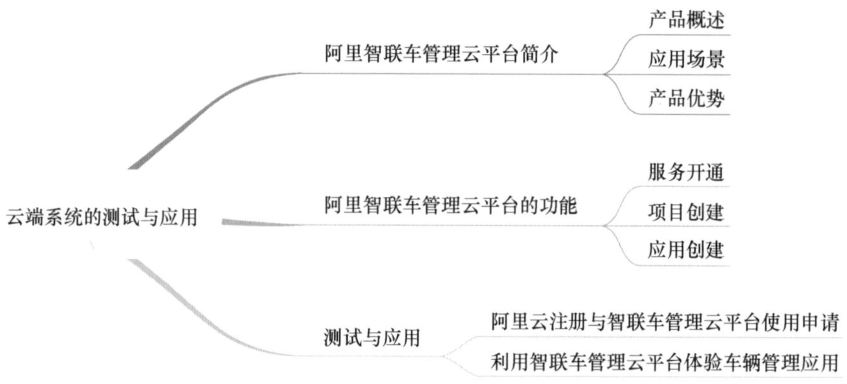

图 4-21　本任务主要内容思维导图

## 任务工单

学生姓名：_____　　组别：_____　　实训日期：_____

**一、任务描述**

作为一名车云远程数据交互系统项目的运行维护人员，在进行运维前需要了解车云远程数据交互系统并了解平台的相关功能，你能完成此任务吗？

**二、任务准备**

1. 实训准备

1）阿里云注册与智联车管理云平台使用申请实训：多媒体实训室一间；计算机 50 台；每台计算机事先安装浏览器。

2）利用智联车管理云平台体验车辆管理应用：多媒体实训室一间；计算机 50 台；每台计算机事先安装浏览器。

2. 知识准备

1）简答题。

阿里智联车管理云平台的典型应用场景有哪些？

2）选择题。

① 下列（　　）是阿里云智联车管理云平台的简称。

A. ECU　　　　　　B. IOV　　　　　　C. RSU　　　　　　D. IoV CC

② 下列（　　）不是阿里云智联车管理云平台的典型应用场景。

A. 远程协助　　　　　　　　　B. 企业应用服务

C. 无线升级　　　　　　　　　D. 虚拟车

③ 要使用阿里智联车管理云平台，首先需要进行（　　）。

A. 项目创建　　　B. 服务开通　　　C. 无线升级　　　D. 应用创建

**三、任务要求**

先完成阿里云注册与智联车管理云平台使用申请，再完成车辆管理应用体验。

**四、任务实施**

1）完成阿里云注册与智联车管理云平台使用申请实训，将实训步骤写在下面：

_____

_____

_____

_____

2）完成车辆管理应用体验实训，将实训步骤写在下面：

_____

_____

_____

_____

**五、任务总结**

请你总结此次任务中有哪些收获？有哪些地方需要进行自我改进？

1）主要收获：_____

_____

2）自我改进：_____

_____

**六、任务评价**

| 评分项目 | 知识能力<br>（25分） | 实践能力<br>（25分） | 职业素养<br>（25分） | 工作规范 6S<br>（25分） | 总评 |
|---|---|---|---|---|---|
| 自我评定 | | | | | |
| 小组评定 | | | | | |
| 教师评定 | | | | | |
| 合计得分 | | | | | |

# 项目五
## 高精度地图的应用

**项目引言**

    2022 年美国国家公路交通安全管理局公布的自动驾驶汽车碰撞和死亡事故的数据统计表明，仍有很多事故是由于传感器感知的局限性和车载地图精度问题引起的。目前普通地图的精度是米级，主要服务于人的导航，虽然搭载在智能汽车上，但无法精准地规避因天气、道路的复杂程度等原因导致的感知不及时问题。而高精度地图的精度在厘米级，主要服务于车的导航，在自动驾驶模式下，高精度地图可以赋能系统实现车道级路线规划，是车辆真正可以实际行驶的路线，而非告知行驶方位。高精度地图拥有精确的车辆位置信息和丰富的道路元素数据信息，能构建类似于人脑对于空间的整体记忆与认知，可以帮助汽车预知路面复杂信息，如坡度、曲率、航向等，更好地使汽车规避潜在的风险。自动驾驶已经成为纯电动汽车未来发展的必然方向，而高精度地图是 L3 及以上的自动驾驶车辆的必备选择。

# 任务一　高精度地图的认知

## 任务导入

当车辆处在转弯状态时，由于车载传感器的感知局限性，无法对弯道后路况进行提前监测。高精度地图可以为车辆环境感知提供辅助，提供超视距路况信息，并帮助车辆进行规划决策。高精度地图又是如何定义的呢？

## 任务分析

如果想要深入了解智能网联汽车是如何借助高精度地图来保证安全行驶，必须要了解高精度地图的定义、包含的数据元素、特点及作用，通过对"任务资讯"的学习，达到如下所列的知识目标、技能目标和素养目标的要求。

| | |
|---|---|
| 知识目标 | 1. 掌握高精度地图的基本定义。<br>2. 理解高精度地图的数据元素。<br>3. 了解高精度地图的特点。<br>4. 理解高精度地图的作用。 |
| 技能目标 | 1. 具有描述高精度地图特点的能力。<br>2. 具有描述高精度地图作用的能力。<br>3. 具有使用仿真软件中模拟高精度地图的能力。 |
| 素养目标 | 1. 培养学生综合学习的能力。<br>2. 培养学生从多角度分析和解决实际问题的能力。<br>3. 培养学生探索新兴领域的求知欲。 |

## 任务资讯

### 一、高精度地图的定义

高精度地图（High Definition Map，HD Map）是指绝对精度和相对精度均在厘米级（10~20cm）的高分辨率、高丰富度要素的导航地图，其示意图如图 5-1 所示。

高精度地图提供了一个自动驾驶车辆所处的环境模型，包含了最底层的静态高精度地图以及其他动态信息。静态高精度地图中包含了车道模型、道路部件、道路属性和其他的定位图层。车道模型包含道路细节信息，如车道线、车道中心线、车道属性变化等，此外车道模型中还需要包含道路的曲率、坡度、航向、横坡等数学参数。动态信息是指智能网联体系下所有的动态信息，一般包括地图动态信息、传感器信息、驾驶行为、交通动态信息管控等方面。

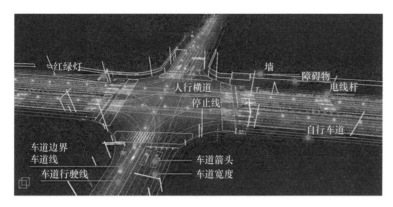

图 5-1　高精度地图示意图

## 二、高精度地图与普通导航电子地图的区别

高精度地图与普通导航电子地图的主要区别是服务的对象不同，所以对其中内容的要求也不同。普通导航电子地图的用户是人类驾驶人，而高精度地图的使用者是自动驾驶系统。

普通导航电子地图不会把道路形状的细节完全展现，而高精度地图为了让自动驾驶系统更好地识别交通情况，从而提前做出行驶方案，会把道路形状的细节进行详细、精确展示，和真实道路完全一致，普通导航电子地图与高精度地图对比如图 5-2 所示。

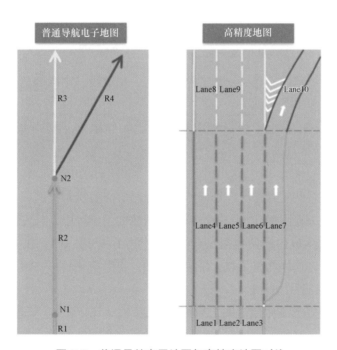

图 5-2　普通导航电子地图与高精度地图对比

## 三、高精度地图的数据元素

不同于传统导航地图，高精度地图的适用对象是汽车，为了保证自动驾驶汽车的安全性，地图数据需要保持"高精度、高动态、多维度"等特点。

那么一张高精度地图到底是由哪些元素构成的呢？

一般而言，高精度地图是通过不同的图层去描述，然后将图层叠加来进行表达。在一张电子地图里，水系、铁路、街区、建筑物可能会分别位于不同图层，每一个图层可以理解为一张透明薄膜，多图层被绘制叠加后，即可得到一张完整的地图。高精度地图元素分析如图5-3所示。

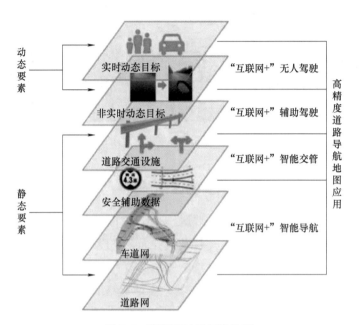

图 5-3　高精度地图元素分析

高精度地图可分为地图图层、定位图层和动态图层。

### 1. 地图图层

地图图层主要是道路的信息，比如道路的路沿、车道线、路口信息。

### 2. 定位图层

定位图层主要是具备独特的目标或特征，比如红绿灯、交通标志、道路的点云数据等。

### 3. 动态图层

动态图层主要是一些实时路况，如修路或者封路等需要实时推送或者更新的数据。

在点云地图校准→地图标注加工→高精度地图的加工流程中，首先需要生成一张原始地图，这里使用实点云生成的原始数据，点云数据每0.1s采集一帧，在大部分情况下前后两帧数据有重合的部分，这样就有了点云拼接的基础。将所需要的每一帧数据进行拼接就可以得到一张原始的采集路段的地图。

其次，点云拼接好形成原始地图之后可以在道路上标出路沿、车道线、红绿灯、路口、交通标识等道路信息，这些工作大部分需要深度学习结合图像的方法进行解决，部分深度学习场景无法实现时需要人工进行标识，例如：路口停止和红绿灯关系、一些较为特殊场景的车道线（十字路口）。

最后，一张高精度地图就这样生成了。当然加工过程中首要的目标是提高效率和质量，地图厂家可以尽量地采用算法自动化处理的方式来提高效率和质量。

## 四、高精度地图的特点

### 1. 以自动驾驶车辆为服务对象

传统的导航电子地图是为行人和驾驶人服务的，而高精度地图是为智能网联汽车的自动驾驶系统提供服务。为了满足自动驾驶汽车的需求，高精度地图除了包含传统地图的内容，还会描述精细的车道标线信息、道路参考线、车道参考线信息、复杂的车道交换引导参考线及周边设施信息。

### 2. 精度更高

普通导航电子地图精度一般达到米级，高精度地图精度达到厘米级。

### 3. 表达内容更具体

普通导航电子地图会将道路抽象为一条直线或曲线，高精度地图需要尽量还原道路真实的现场状况，建立精度极高的车道模型，以及道路通行空间范围边界区域内的精细化对象模型。

### 4. 地图鲜度更高

自动驾驶车辆需要实时掌握车辆周边的设施变化情况和交通状态，因此，高精度地图需要提供日更新的高现势性的地图和以分钟、秒为更新频率的动态交通信息。

## 五、高精度地图的作用

我国《汽车驾驶自动化分级》（GB/T 40429—2021）将驾驶自动化分成 0 至 5 级，不同驾驶自动化分级对地图数据的需求见表 5-1。

随着汽车智能化和网联化的普及，自动驾驶汽车技术不断发展，高精度地图受到了越来越多的关注。高精度地图的充分运用能够辅助智能网联汽车获取先验参数、超视距感知、高精度定位、优化驾驶行为、精准控制执行器操作、辅助路线规划，为自动驾驶提供诸多数值化的决策依据。

表 5-1　不同驾驶自动化分级对地图数据的需求

| 分级 | 名称 | 描述 | 地图数据内容 |
|---|---|---|---|
| 0 级 | 应急辅助 | 车辆横向及纵向运动控制均由驾驶员完成 | 道路网、交通设施等 |
| 1 级 | 部分驾驶辅助 | 驾驶自动化系统在其设计运行条件内能够持续地执行车辆横向或纵向运动控制 | 道路网、交通设施等 |
| 2 级 | 组合驾驶辅助 | 除上述功能外，还具备部分目标和事件探测与响应的能力 | 道路网、交通设施等，附加坡度、曲率等 ADAS 数据等 |
| 3 级 | 有条件自动驾驶 | 驾驶自动化系统在其设计运行条件内持续地执行全部动态驾驶任务，动态驾驶任务接管用户能够以适当的方式执行动态驾驶任务接管 | 道路网、车道、定位地物、限高、限宽、航向和动态交通信息等 |
| 4 级 | 高度自动驾驶 | 能够持续地执行全部动态驾驶任务和执行动态驾驶任务接管 | 道路网、车道、定位地物、限高、限宽、航向和动态交通信息和事件信息 |
| 5 级 | 完全自动驾驶 | 在车辆可行驶环境下没有设计运行条件的限制 | 道路网、车道、定位地物、限高、限宽、航向和动态交通信息和事件信息、基于实时数据的智能分析 |

### 1. 辅助高精度定位

通过基于高精度地图的辅助感知，自动驾驶汽车能准确地知道周边的物体（对象）的高精度位置坐标，同时能通过传感器得到车辆与周边物体的相对距离。自动驾驶汽车可基于探

测到的物体（对象）高精度坐标和相对距离反向计算出车辆的高精度位置坐标，从而实现对自身位置的持续修正。

2. 先验感知识别

高精度地图能够辅助汽车超视距感知，当车辆道路环境遇到被其他物体遮挡、转弯或者超出了汽车电子设备感知范围的问题时，高精度地图能够帮助车辆对行进方向进行环境的感知。

高精度地图能够辅助车辆快速识别道路环境周边固定物体及车道标线，既能够提高自动驾驶车辆数据处理效率，又能提供先验知识给自动驾驶汽车感知重构周围三维场景，这样减少了数据处理时的搜索范围。高精度地图还能为车辆提供各种危险区域信息，车辆可以提前做出应急方案。

3. 支持驾驶决策

高精度地图能提供道路曲率，当车辆转弯时可以根据曲率进行提前减速。高精度地图能提供隧道等遮蔽物中的信息，车辆在进入前可以提前开启前照灯或调整传感器感光参数。高精度地图能提供坡度，能够辅助车辆控制加速踏板，从而节省能源。高精度地图的限速信息能精确到车道和车型，可以辅助智能网联汽车精准控制执行器，并能辅助相关车型合规运行。

4. 车道级路径规划

基于高精度地图的车道级动态路径规划及辅助感知成果最终都将作为参考信息提供给决策单元，决策单元在已知固定环境、线路和动态目标的基础上通过算法能生成车道级控制指令。

## 任务准备

### 一、工具设备介绍

| 子任务模块 | 设备及工具 |
| --- | --- |
| 高精度地图的使用 | 地图模拟仿真软件 |

### 二、实操预演

步骤一：正确注册虚拟仿真软件平台。

步骤二：通过仿真平台，模拟高精度地图的使用。

## 任务实施

使用地图模拟仿真平台，模拟高精度地图。

### 一、前期准备

准备好学生实训的计算机。

## 二、实操演练

高精度地图仿真场景的使用

| 实施步骤 | 使用工具 | 图示 | 操作要点 |
|---|---|---|---|
| 1. 打开地图模拟仿真软件 | |  | 在官网使用平台注册 |
| 2. 菜单栏中选择Apollo开放平台—仿真平台 | 系统版本Windows 7及以上 |  | 将鼠标放在"Apollo开放平台"上，出现列表，再将鼠标放在"仿真平台"上，单击鼠标，进入平台 |
| 3. 进入页面后，选择仿真—场景列表 | | 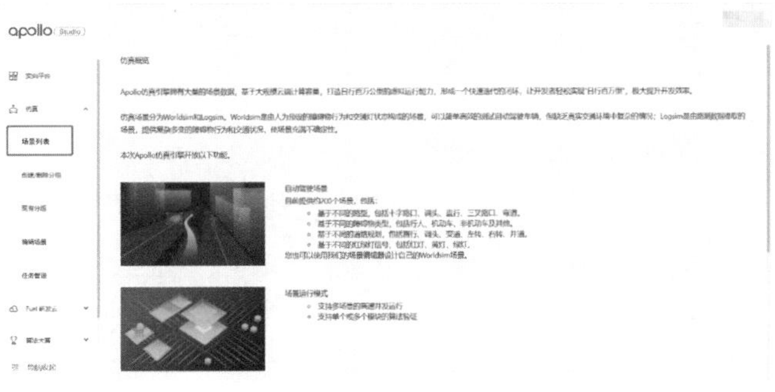 | 选择左侧菜单栏中的"仿真"，单击鼠标后，选择"场景列表" |
| 4. 从场景列表中选择模拟场景进行模拟 | | 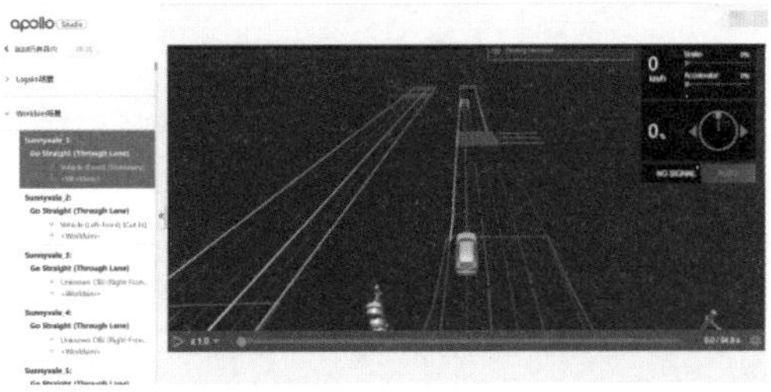 | 将鼠标放在对应设备位置上，单击鼠标，进行模拟 |

检测评价

高精度地图仿真场景的使用实操评分表

学生姓名：_____　　学生学号：_____　　操作用时：_____分钟

| 序号 | 作业内容 | 配分 | 作业项目 | 分值 | 扣分 | 备注 |
|---|---|---|---|---|---|---|
| 1 | Apollo 开放平台注册与使用申请 | 40 | □开启计算机电源，打开计算机 | 10 | | 若未操作，现场考评员提醒并扣除对应项目分值 |
| | | | □打开浏览器，进入 Apollo 开放平台官网 | 10 | | |
| | | | □完成账号注册与登录 | 10 | | |
| | | | □完成平台使用申请 | 10 | | |
| 2 | 在仿真平台中找到场景列表 | 20 | □正确选择各级菜单 | 20 | | |
| 3 | 从场景列表中选择模拟场景进行模拟 | 20 | □正确选择模拟场景 | 10 | | |
| | | | □正确运行模拟场景 | 10 | | |
| 4 | 关闭浏览器和计算机 | 20 | □退出 Apollo 开放平台 | 10 | | |
| | | | □关闭浏览器和计算机后拔下计算机电源插头 | 10 | | |
| 合　计 | | | | 100 | | |

考核成绩：_____　　教师签字：_____

任务小结

　　本任务内容主要是对高精度地图的定义、特点、作用等进行了介绍，让读者对高精度地图有一个清晰的认知，本任务主要内容思维导图如图 5-4 所示。

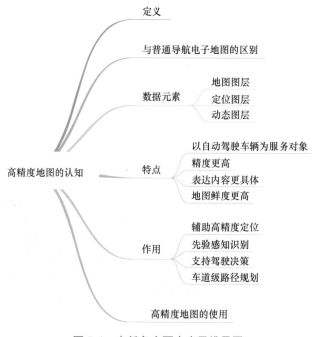

图 5-4　本任务主要内容思维导图

## 任务工单

学生姓名：_____　　　　组别：_____　　　　实训日期：_____

### 一、任务描述

作为一名高精度地图工程师，在进行工作前需要了解高精度地图系统并了解平台的相关功能，你能完成此任务吗？

### 二、任务准备

1. 实训准备

1）百度 Apollo 开放平台使用申请实训：多媒体实训室一间；计算机 50 台；每台计算机事先安装浏览器。

2）利用 Apollo 开放平台模拟高精度地图实训：多媒体实训室一间；计算机 50 台；每台计算机事先安装浏览器。

2. 知识准备

1）选择题。

① 高精度地图是指绝对精度和相对精度均在（　　　　）的高分辨率、高丰度要素的导航地图。

A. 厘米级　　　　　　B. 毫米级　　　　　　C. 分米级　　　　　　D. 微米级

② 对于（　　　　）级别的自动驾驶，高精度地图是必选项。

A. L1　　　　　　　　B. L2　　　　　　　　C. L3　　　　　　　　D. L4

2）判断题。

① 传统电子地图的用户是人类驾驶人，高精度地图的使用者是自动驾驶系统。（　　　　）

② 高精度地图数据具有"高精度、高动态、多维度"等特点。　　　　　　　　（　　　　）

3）简答题。

① 请描述高精度地图的特点。



② 请描述高精度地图与普通导航电子地图的区别。



③ 请描述高精度地图的作用。



### 三、任务要求

使用地图模拟仿真平台，模拟高精度地图。

### 四、任务实施

1）完成百度 Apollo 开放平台使用申请实训，将实训步骤写在下面：

_____

_____

_____

_____

_____

2）完成利用 Apollo 开放平台模拟高精度地图实训，将实训步骤写在下面：

_____

_____

_____

_____

_____

### 五、任务总结

请你总结此次任务中有哪些收获？有哪些地方需要进行自我改进？

1）主要收获：_____

_____

2）自我改进：_____

_____

### 六、任务评价

| 评分项目 | 知识能力<br>（25分） | 实践能力<br>（25分） | 职业素养<br>（25分） | 工作规范 6S<br>（25分） | 总评 |
|---|---|---|---|---|---|
| 自我评定 | | | | | |
| 小组评定 | | | | | |
| 教师评定 | | | | | |
| 合计得分 | | | | | |

# 任务二　高精度地图的信息采集

## ✓ | 任务导入

近几年，在人工智能与测绘、汽车产业的深度融合下，高精度地图技术逐渐成为行业关注的焦点。众多公司纷纷抓住产业升级机会，进入自动驾驶和智能出行领域。高精度地图已被视为自动驾驶时期的"重要基础设施"，也必将在智能交通、智慧城市等领域发挥"数据底座"的重要作用。那么，高精度地图是如何进行信息采集来完成任务的呢？

## 🖳 | 任务分析

完成本次任务，首先要对高精度地图技术定义、特点以及作用有一定的了解，通过对"任务资讯"的学习，达到如下所列的知识目标、技能目标和素养目标的要求。

| 知识目标 | 1. 掌握高精度地图的信息分类。<br>2. 掌握高精度地图的信息采集的方式。<br>3. 了解高精度地图的信息采集的主要设备。 |
|---|---|
| 技能目标 | 1. 具有描述高精度地图信息组成的能力。<br>2. 具有描述高精度地图信息采集方式的能力。<br>3. 具有建立仿真场景的能力。 |
| 素养目标 | 1. 培养学生获取信息并利用信息的能力。<br>2. 培养学生探索新兴领域的求知欲。 |

## ◀ | 任务资讯

## 一、高精度地图的信息分类

高精度地图信息可分为道路信息、规则信息、实时信息三部分。道路信息包含车道模型、道路部件、道路属性三部分，是自动驾驶汽车与汽车辅助系统执行决策的基础，是静态高精度地图的层级信息；规则信息与实时信息则是在道路信息的基础上（也是建立在静态高精度地图基础之上）的动态高精度地图的层级信息，包含对驾驶行为的限制以及从车联网获取的实时道路信息，既有其他交通参与者的信息（如道路拥堵情况、施工情况、是否有交通事故、交通管制情况、天气情况等），也有交通参与物的信息（如红绿灯、人行横道等）。更为详细的高精度地图信息的分类见表 5-2。

表 5-2　高精度地图信息的分类

| 部分 | | 内容 |
|---|---|---|
| 道路信息 | 车道模型 | 车道数量、车道中心线、道路分离点、车道分离点、车道连接关系 |
| | 道路部件 | 交通灯、交通标志、斑马线、停止线、路缘石、防护栏、桥梁 |
| | 道路属性 | 车道数、车道变化属性、车道曲率/坡度、车道连接关系、车道分组、交通区域、人行横道、GPS 信号减弱/消失位置、加速点及制动点 |
| 规则信息 | | 车道限速、高速收费信息、限行限号信息 |
| 实时信息 | | 实时交通、道路施工、交通事故、停车场服务、危险区域预警、基于坡度的节能减排、道路天气/能见度 |

以想要变换车道的自动驾驶车辆为例，高精度地图的信息包含车辆当前在哪条车道上以及当前车道在地图中的具体位置；当前车道是否有隔壁车道，如果没有车道也就无法变道，只能采取本车道避障；当前车道是否允许变道、车道的类型、车道线是虚线还是实线、变道距离是否足够长以及变道后是否能够达到终点等。区别于传统导航地图只提供路网结构信息和粗略的几何点位置信息，高精度地图包含的信息非常丰富。高精度地图的数据量极其庞大，仅一条道路就需要采集数以十几亿计的数据点，若想最终实现高精度地图的商业化落地，庞大的覆盖范围带来的数据量将是一个不小的挑战。以宽凳科技的高精度地图为例，在一天时间内，通过众包采集车辆的摄像头采集道路数据，上传至云端之后再进行初步预处理得到的数据就能达到 600~800GB；Waymo 公司的地图测绘车在一天时间内采集的数据大小为 1TB 左右，覆盖的范围大约为 8h 车程的道路。而且，此类数据主要包含的是静态高精度地图图层信息，并不包括实时交通参与者等动态高精度地图的信息。

**⚠ 注意事项**

需要注意的是，高精度地图在实际使用的时候并非包含周围所有的环境信息。以自动驾驶汽车需求的导向为例，高精度地图不包括具体地点属性和信息、障碍物属性、建筑模型，只关注车辆行驶道路及其周边场景，其余场景如公园、商场、景区等非驾驶地图信息不在高精度地图的考虑范围内。

## 二、高精度地图的制作流程和信息采集方式

智能网联汽车已经成为高精度地图采集、生产、应用、更新闭环中的一个重要工具，一套基于智能网联汽车体系下的高精度地图生产运营一体化闭环运营模式已经形成。车载传感器无论是视觉摄像头、毫米波雷达，还是激光雷达，都存在自身的性能边界，即便是将这些传感器组合使用，仍然无法完全避免视野遗漏，同时传感器易受极端天气影响发生误判甚至失效。高精度地图则能够作为一种先验知识实现对传感器采集信息的补充，它不仅能预知前方道路的交通情况，还能实现地图的动态更新。高精度地图可以帮助汽车减少对传感器的依赖，继而减轻感知芯片的算力负荷，最终降低系统成本。

### 1. 高精度地图的制作流程

高精度地图的生产遵循严格规范的流程，一般是先根据自动驾驶的级别和用户的需求，制订明确的生产计划，然后进行地图数据的采集、处理、编辑和绘制过程，最后对数据进行转换编译和检查，以确保高精度地图的准确性。目前，高精度地图的制作流程主要分为3个环节：采集环节、自动融合与识别环节和人工验证发布环节。

（1）采集环节　高精度地图的数据采集方法主要有两种：其一是激光雷达和摄像头配合 GPS，其二是摄像头和 GPS 配合计算距离算法。在数据采集过程中，装有摄像头等采集设备的采集车会以 60~80km/h 的速度在道路上行驶，同时采集员需要实时监控采集系统和设备的工作状态，并且根据周围的环境情况适当调整摄像头的参数。

以高德高精度地图使用的采集车为例，它是一种搭载 6 台 CCD 相机的采集车（图 5-5），CCD 相机环形分布 5 个，车顶部 1 个（图 5-6），每个摄像头像素 500 万，总像素 3000 万，采集数据精度约 50cm。另外，车辆行李舱内配备了存储和处理拍摄到的相关道路数据的工具。该种摄像头组合的采集车是目前高德数据采集车的主力，6 个摄像头能采集到道路相关信息的全景画面。

图 5-5　高德高精度地图采集车　　　　　　图 5-6　高德高精度地图采集车顶部搭载的 CCD 相机

（2）自动融合与识别环节　采集到的多种传感器的数据会被融合，即点云数据、图像数据、GPS 数据等会被叠加到一起。在这个过程中，道路的标线、人行横道、交通标识牌等特征物体会被标识出来，而对于采集到的重复数据也会在这个环节进行整合和冗余处理。在实际的操作过程中，专业人员会在计算机上输入大量的数据并进行 AI 训练，基于深度学习的地图要素识别有两个层面：一是能否基于点云分割，从点云里提取特征；二是尝试从点云中提取车道线、灯杆、红绿灯等。在保证高度自动化的同时，精度也在考核范围内。

（3）人工验证发布环节　专业人员通过对比采集的视频信息，核对和确定计算机自动化处理的数据是否准确，并进行相应的数据修正后，上传数据到云端，最终获得具有详细道路信息的高精度地图。

2. 高精度地图的信息采集方式

在数据信息收集的过程中，应采用专业的采集车采集和众包设备采集，与此同时，用户的反馈信息、互联网信息、卫星影像等信息也要采集上来，以保证数据生产的准确性和节省数据生产的成本。

（1）专业队伍规模化采集模式　一个专业数据采集小队会配备一台采集车和数个差分基站，一般专业采集车都配有惯性导航系统、摄像头和激光雷达设备等，这些设备会经过专业的参数标定，以确保数据的准确性。采集的数据包括高精度轨迹、图像、激光点云数据。其中轨迹包括经度、纬度、海拔、倾角、俯仰角及速度等信息。数据采集完成后利用人工智能技术对数据进行解算、时空配准、要素提取、矢量化。

（2）众包采集模式　考虑到成本，目前，市场上大部分企业采用的都是众包采集模式。众包采集技术即在众包采集的大量可靠数据中，发现数据变化的范围，然后根据数据变化的可信信息，派专业采集车进行核实和专业测量。这种采集模式一般应用于图商和车厂在合作过程中。

（3）高精度地图生产运营一体化闭环采集模式　伴随着智能网联汽车的发展，车辆本身不仅可以作为高精度地图的消费者，更是可以成为高精度地图数据的提供者。在车辆运行的过程中，车辆的实时位置、各类传感器数据、实时交通数据可以上传至地图云端，云端可以对这些实时大数据进行深度挖掘分析，从而达到更新高精度地图的目的。由此可见，智能网联汽车已经成为高精度地图采集、生产、应用、更新闭环中的一个重要环节，最终形成了一套智能网联汽车体系下的高精度地图生产运营一体化闭环采集模式。

## 三、高精度地图的采集车介绍

当前，国内的四维图新、百度、高德采用的采集车如图 5-7 所示，欧美的 Here、TomTom 采用的采集车如图 5-8 所示，它们普遍采用昂贵的"激光雷达＋惯导系统＋全景相机＋GNSS＋差分基站"的方式，单套设备价格从一百万元到几百万元不等。之所以采用成本如此高昂的设备，是因为要满足自动驾驶车辆对高精度地图的绝对精度、相对精度、识别率等指标的要求。

图 5-7　国内三大主流图商使用的采集车

图 5-8　国外两大图商 Here 和 TomTom 使用的采集车

## 📋 | 任务准备

### 一、工具设备介绍

| 子任务模块 | 设备及工具 |
| --- | --- |
| 仿真场景的建立 | 地图模拟仿真软件 |

### 二、实操预演

步骤一：打开地图模拟仿真平台。
步骤二：通过仿真软件，建立仿真场景。

## ✏️ | 任务实施

使用地图模拟仿真软件管理仿真场景。

### 一、前期准备

准备好学生实训的计算机。

# 二、实操演练

建立高精度地图仿真场景

| 实施步骤 | 使用工具 | 图示 | 操作要点 |
|---|---|---|---|
| 1. 打开地图模拟仿真软件 | | 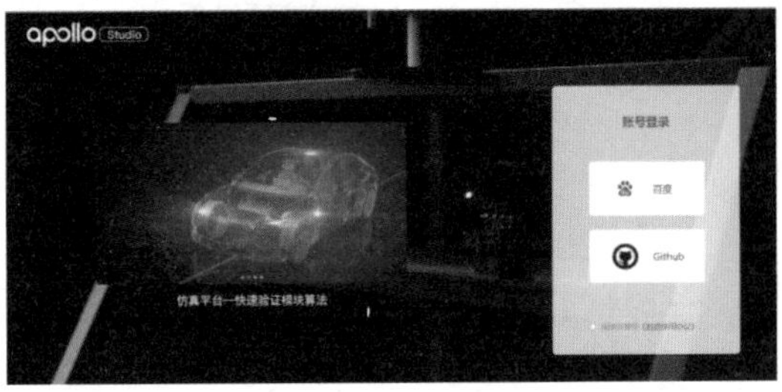 | 在官网使用平台注册 |
| 2. 菜单栏中选择 Apollo 开放平台—仿真平台 | |  | 将鼠标放在"Apollo 开放平台"上，出现列表，再将鼠标放在"仿真平台"上，单击鼠标，进入平台 |
| 3. 进入页面后，选择在左侧导航栏中，选择仿真—创建/删除分组，进入场景管理页面 | 系统版本 Windows 7 及以上 | 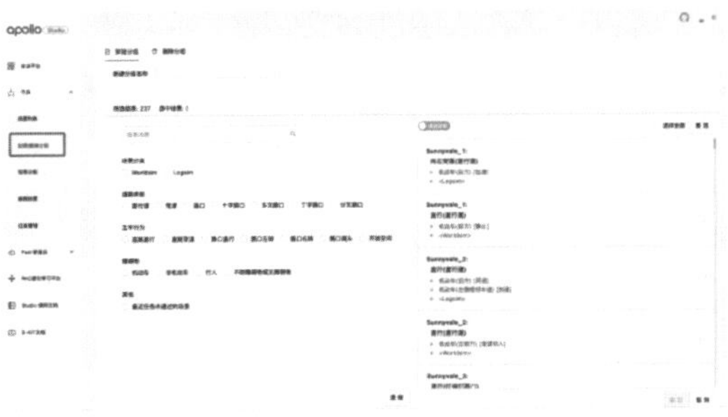 | 选择左侧菜单栏中的"仿真"，单击鼠标后，选择"创建/删除分组" |
| 4. 在新建分组标签页，输入场景分组的名字，选择相应的场景集等选项，建立新的场景 | | 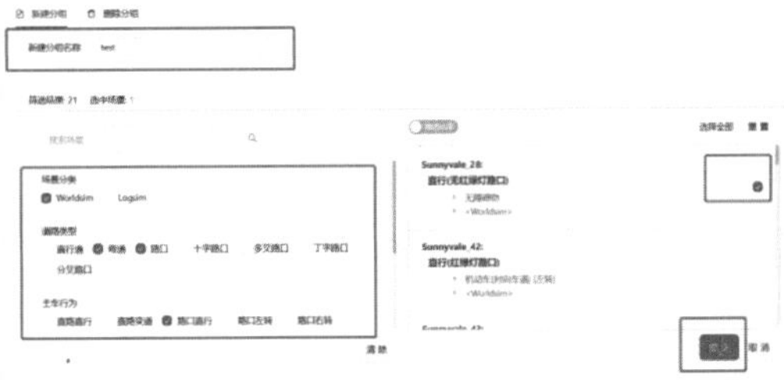 | 先设定场景分组的名字，选好相应场景后，单击提交，进行模拟 |
| 5. 在左侧导航栏中选择仿真—现有分组，查看新建立的场景 | | 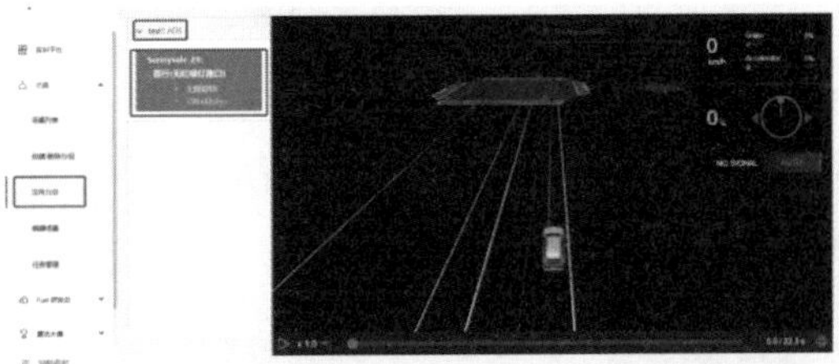 | 单击"现有分组"，单击选择刚建立的场景，查看效果 |

## 检测评价

建立高精度地图仿真场景实操评分表

学生姓名：_____  学生学号：_____  操作用时：_____分钟

| 序号 | 作业内容 | 配分 | 作业项目 | 分值 | 扣分 | 备注 |
|---|---|---|---|---|---|---|
| 1 | 打开地图模拟仿真软件 | 30 | □开启计算机电源，打开计算机 | 10 | | |
| | | | □打开浏览器，进入 Apollo 开放平台官网 | 10 | | |
| | | | □完成账号登录 | 10 | | |
| 2 | 进入仿真平台 | 10 | □菜单栏中选择仿真平台 | 10 | | |
| 3 | 创建分组，进入场景管理页面 | 10 | □菜单栏中选择仿真 | 5 | | 若未操作，现场考评员提醒并扣除对应项目分值 |
| | | | □菜单栏中选择创建/删除分组 | 5 | | |
| 4 | 建立新的场景 | 20 | □在新建分组标签页，输入场景分组的名字 | 10 | | |
| | | | □选择相应的场景集等选项，建立新的场景 | 10 | | |
| 5 | 查看新建立的场景 | 10 | □在左侧导航栏中选择仿真—现有分组，查看新建立的场景 | 10 | | |
| 6 | 关闭浏览器和计算机 | 20 | □退出 Apollo 开放平台 | 10 | | |
| | | | □关闭浏览器和计算机后拔下计算机电源插头 | 10 | | |
| 合　计 | | | | 100 | | |

考核成绩：_____  教师签字：_____

## 任务小结

本任务内容主要是对高精度地图信息采集的内容、技术模式以及各种采集车等进行了介绍，让读者对高精度地图信息采集的分类、方式、使用的设备以及目前的研究现状有一个清晰的认识，本任务主要内容思维导图如图 5-9 所示。

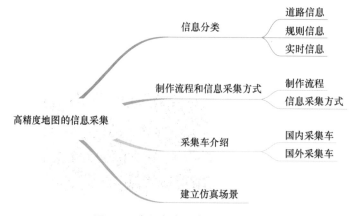

图 5-9　本任务主要内容思维导图

**任务工单**

学生姓名：＿＿＿＿＿＿＿＿　　组别：＿＿＿＿＿＿　　实训日期：＿＿＿＿＿＿＿

### 一、任务描述

作为一名高精度地图工程师，现在我们已经采集到了地图的数据，要建立仿真场景，你能完成此任务吗？

### 二、任务准备

1. 实训准备

1）百度 Apollo 开放平台使用申请实训：多媒体实训室一间；计算机 50 台；每台计算机事先安装浏览器。

2）利用 Apollo 开放平台模拟高精度地图实训：多媒体实训室一间；计算机 50 台；每台计算机事先安装浏览器。

2. 知识准备

1）选择题。

① 高精度地图制作的首要环节是（　　　）。

A. 信息采集　　　　　B. 数据处理　　　　　C. 图像识别　　　　　D. 人工验证发布

②（　　　）是最为理想的高精度地图生产与更新模式。

A. "激光雷达 + 人工智能处理" 模式

B. "众包采集 +AI 识别提取" 模式

C. "车辆动态上传 + 动态地图自动下发更新" 模式

D. GNSS+GPS 模式

2）判断题。

① 高精度地图的信息采集是离不开激光雷达的。　　　　　　　　（　　　）

② 高精度地图与传统的导航地图功能完全相同。　　　　　　　　（　　　）

③ 高精度地图的道路信息、规则信息、实时信息是静态层级信息。　　（　　　）

3）简答题。

① 请描述高精度地图的制作流程。

② 高精度地图的生产与更新的技术模式有哪些？请分析它们各自的优缺点。

### 三、任务要求

使用地图模拟仿真软件建立仿真场景。

### 四、任务实施

1）完成打开地图模拟仿真平台实训，将实训步骤写在下面：

_____

_____

_____

_____

2）完成建立仿真场景实训，将实训步骤写在下面：

_____

_____

_____

_____

_____

### 五、任务总结

请你总结此次任务中有哪些收获？有哪些地方需要进行自我改进？

1）主要收获：_____

_____

2）自我改进：_____

_____

### 六、任务评价

| 评分项目 | 知识能力<br>（25分） | 实践能力<br>（25分） | 职业素养<br>（25分） | 工作规范 6S<br>（25分） | 总评 |
|---|---|---|---|---|---|
| 自我评定 | | | | | |
| 小组评定 | | | | | |
| 教师评定 | | | | | |
| 合计得分 | | | | | |

## 任务三　高精度地图的测试与应用

### ✅ | 任务导入

有了高精度地图的帮助，智能汽车能够更加完整地了解周围的环境信息，并做出更加合理、安全的决策。本任务我们来详细讲解一下如何在仿真平台模拟建立一个简单的高精度地图。

### 🖥 | 任务分析

完成本次任务，要对高精度地图在车路协同、自动驾驶领域的应用现状等有一定的了解，通过对"任务资讯"的学习，达到如下所列的知识目标、技能目标和素养目标的要求。

| 知识目标 | 1. 掌握高精度地图在车路协同系统中的应用。<br>2. 掌握高精度地图在自动驾驶系统中的应用。<br>3. 了解高精度地图的应用实例。 |
| --- | --- |
| 技能目标 | 1. 具有描述高精度地图在车路协同系统中的应用原理的能力。<br>2. 具有描述高精度地图在自动驾驶系统中的应用原理的能力。 |
| 素养目标 | 1. 培养学生理解社会体系及技术体系。<br>2. 培养学生新兴领域的创新精神。<br>3. 培养学生合理利用与支配各类资源的能力。 |

## ◀ | 任务资讯

### 一、高精度地图在车路协同系统中的应用原理

一般来说，图商会把采集到的整个城市、区域或者高速公路的高精度地图存放在云端，通过云对外提供数据服务，通过核心网分发局部高精度地图到各移动边缘云进行边缘存储和计算，经由 RSU 借助 Uu 接口或 PC5 接口支持实现"人 - 车 - 路 - 云"协同交互，为车辆的安全驾驶、高精度定位和自动驾驶以及精准信息等提供服务。高精度地图辅助车路协同示意如图 5-10 所示。

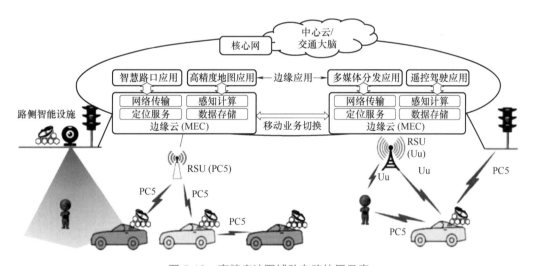

图 5-10　高精度地图辅助车路协同示意

MEC 存储动态高精度地图，向车辆分发高精度地图信息，减少时延并降低对核心网传输带宽的压力。车辆通过高精度定位模块获取位置向 MEC 发送，部署在 MEC 的地图服务提取相应位置的高精度地图信息发送给车辆。

众包高精度地图更新数据的方式除了根据车载设备自动识别上传与云端高精度地图比对，还可以由车路协同系统中的路侧智能设备和路侧单元来完成。当路侧摄像头、激光雷达、车速检测仪等智能设备或装有 OBU 的车辆检测到现实路况与高精度地图存在偏差时，可将自身传感信息上传至 MEC 用于对地图进行更新，随后 MEC 的地图服务可选择将更新后的高精度地图回传至中心云平台。车路协同反哺高精度地图示意如图 5-11 所示。

综上所述，高精度地图是车路协同系统不可或缺的一类信息服务信源，车路协同系统又反哺高精度地图，为高精度地图的动态更新提供有力的支持。

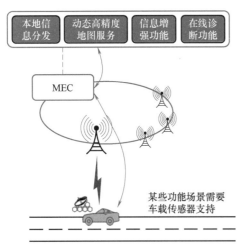

图 5-11　车路协同反哺高精度地图示意

## 二、高精度地图在自动驾驶系统中的应用原理

自动驾驶系统可相应归纳为环境感知、决策控制、动作执行三个阶段。根据信息的流向，也可相应地划分为感知层、规划 / 识别层和决策控制层。高精度地图在自动驾驶中的应用如图 5-12 所示，在自动驾驶系统中的高精度地图主要被应用在前两个阶段，即感知层和规划 / 识别层。

### 1. 感知层

通常情况下，感知指使用车辆配备的雷达、摄像头等视觉传感器结合定位传感器检测周边物体。高精度地图可视为车辆除了视觉传感器外的另一个虚拟数字传感器，它能提供完整的静态地物描述，延伸已有视觉传感器的感知边界，经数据融合得到高质量的感知结果，实现车辆对周围道路环境的精确认知。通过将检测到的特征物与高精度地图数据进行匹配，不断修正全球导航卫星系统（Global Navigation Satellite System，GNSS）中卫星定位的不确定性和航迹推算的累积误差，能实现车辆自身位置和姿态的精确感知。

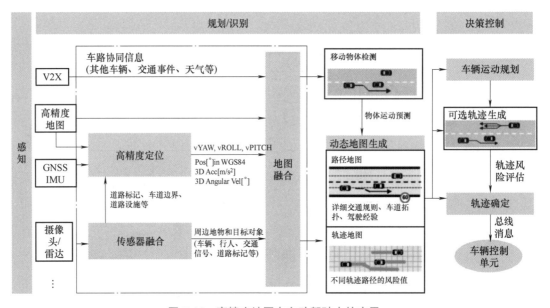

图 5-12　高精度地图在自动驾驶中的应用

例如当车辆在行驶时，系统可以根据车辆当前位置，对前方感知范围内会出现的车辆进行集中排查，而无须过多关注该范围之外的车辆，如此将很大程度上降低计算资源的消耗。

### 2. 规划 / 识别层

通过输入感知层不同数据融合的结果，可以预测车辆周围物体的行为，约束与引导动态地图生成，包括路径规划和轨迹规划。

高精度地图主要用来辅助车辆定位和控制决策。车辆定位使用多传感器融合方案（使用视觉传感器、毫米波雷达等传感器），通过传感器结果和高精度地图的匹配来实现横向、纵向的高精度定位。控制决策也少不了高精度地图提供的信息，比如地图的曲率、坡度、侧倾角度等，这些要素都是控制决策需要考虑的。

路径规划首先是基于绝对定位和道路拓扑，计算车辆当前位置至终点的全局路径，其次是结合交通事件、天气等实时数据以及驾驶经验数据集，基于全局路径进行局部的车道级路径规划。

轨迹规划则是尽量按照路径规划结果，考虑移动障碍物、交通信号实时状态、车辆速度、动力学约束等，生成无碰撞风险、平滑轨迹路径集合，供车辆决策控制模块使用，解决自动驾驶车辆"如何走"的问题。

例如当车辆位于主路，马上要进入匝道时，车道会从一道直接分成两道，出现一条新的车道线，对于车道线感知的挑战非常大。而当车辆到达匝道分流区域之前，高精度地图会发出一条引导线，车辆会沿着引导线一直通过这个区域，直到进入车道线清晰的位置为止。

## 三、高精度地图的应用实例

高精度地图技术比较有名的初创公司有 DeepMap、CivilMaps、Carmera 等，此外还有 Here、TomTom、Waymo（原 Google 地图）等国外老牌图商，它们都在高精度地图领域不断升级改造。国内则有四维图新、百度、高德等诸多资深图商。

### 1. 国外高精度地图领域中的"领头羊"

Waymo、Here、TomTom 是国外高精度地图领域中的佼佼者，拥有专业的测绘车队，主要采用集中制图模式，强调创建完整的 3D 高精度地图，支持自动驾驶汽车完全独立驾驶。Waymo 在高精度地图方面多服务于自家自动驾驶车队，对外公布的信息较少。Here 和 TomTom，一个是有车企巨头依靠，一个是传统图商，目前双方的高精度地图均已经覆盖了几十万平方千米。

Waymo 和 Google Map 团队开发的高精度地图如今已经可以支持 L4 级别的自动驾驶车辆，在美国凤凰城等多个城市运行。Waymo 在绘制高精度地图上采用两种策略：一是利用现在的自动驾驶车辆搭载传感器逐渐绘制高精度地图；二是先利用自己的测绘车队，为无人驾驶汽车创建好丰富、详细的高精度地图，然后再运用到无人驾驶导航中。

Here 被奥迪、宝马、戴姆勒三家德国车企巨头收购后，开始深耕高精度地图领域。Here 的高精度地图 Here HD Live Map 建立在基础地图的基础上，配备激光雷达的 Here True 车辆每天奔波在大街小巷，结合卫星图像绘制车道路径、车道标记、道路边缘等多种短时间内相对不变的环境信息。对于那些动态数据的更新则主要依赖通用等众包车辆，借助 Here HD Live Map 的云端能力，当车辆传感器检测到的道路信息变更时，这些新特征将会上传到地图数据中，并下发到所有车辆。Here HD Live Map 已经完成了超 50 万 km 道路的地图测绘，精度达到亚米级别，因此也成为宝马下一批具有高度自动驾驶功能的量产汽车的专用地图。

TomTom 测绘车队是应用自动化数据采集的图商，通过搭载一个 Velodyne 激光雷达，一个 360° 全景相机，两台 SICK 雷达，还有兼容 GPS 和 GLONASS 的高精度天线的福特翼虎汽车即可完成采集任务。TomTom 开发了 RoadDNA 技术来提供高度优化的 3D 横向和纵向道路视图，它可以将原本的 3D 地图数据压缩成 2D 视图，同时还能保留道路上的关键要素。TomTom 也和百度、Zenuity 合作推出了一款自动驾驶地图交付服务。TomTom 与全球第一大汽车技术供应商德国博世公司合作，联合开发能够用于自动驾驶汽车的高精度地图。沃尔沃旗下 Drive Me 自动驾驶项目正使用 TomTom 地图。

### 2. 国内高精度地图的"三大巨头"

国内想要开展地图导航服务需要获得相应的导航电子地图制作资质。互联网公司也纷纷开始了在高精度地图市场的争夺，如今百度·长地万方、阿里·高德、腾讯·四维图新已在国内高精度地图领域占据高地。

百度·长地万方已在北京、上海和广东顺德建立了三个高精度地图生产采集基地，有着庞大的测绘车队和大量的人才储备。百度地图的采集车队已有 288 台车，其中具备高精度地图采集能力的车辆 40 多台。搭载着 Velodyne 的 32 线激光雷达、自主研发的摄像头和 IMU 惯性导航的百度高精度地图测绘车每天至少采集 150km 的道路数据，早已经完成 30 万 km 的高速公路和部分城市道路测绘，相对精度达到 10~20cm。这些收集到的道路数据通过人工智能自动识别，并由人工验证信息后再上传至云端，目前百度高精度地图数据自动化处理程度达到 90% 以上。百度也利用 Learning-Map 平台以众包模式收集更新道路数据，只要安装了百度地图和传感器，车内手机、后装硬件和车端传感器采集到的环境数据，都会发送到该平台。百度现已和福田、一汽、比亚迪、大众等诸多车企达成合作，共同研发高精度地图。百度和博世集团、TomTom 等相关产业巨头打造起一个"AI based Map"，融汇基础数据、出行方式、智慧交通等信息，共同构建起"地图大脑"。

阿里·高德的 HAD 级别高精度地图的采集车主要通过 2 个激光雷达和 4 个摄像头采集道路信息，精度可达 10cm。高德和精准位置服务商千寻位置合作，提供"高精度地图 + 高精度定位"综合解决方案。目前双方在车道级定位上的解决方案可以实现普通道路条件下横向误差和纵向误差在 7cm 以内，高速 / 城市环路条件下横向误差 6cm 以内，纵向误差 5cm 以内。高德先后和博世、英伟达、凯迪拉克合作研发高精度地图中定位图层和数据更新方案。其高精度地图已经应用在凯迪拉克的 Super Cruise 系统，这也是全球首个实现高速公路释放双手驾驶的量产智能驾驶系统。

2014 年，腾讯以超过 11 亿元的价格收购了四维图新 11.28% 的股份。四维图新已经和博世达成合作，博世公司硬件传感器所收集的道路特征数据，将通过四维图新的云计算服务平台，聚集到四维图新的高精度地图服务器，从而生成自动驾驶需要的高精度地图。四维图新也同 Mobileye 签署协议，将在我国开发和发布 Mobileye 的路网采集管理（REM）产品。其制作的高精度地图是可以投入量产阶段的、可以应用于主流车厂的自动驾驶汽车。

### 🔲 | 任务准备

## 一、工具设备介绍

| 子任务模块 | 设备及工具 |
| --- | --- |
| 创建用户自己的场景 | 地图模拟仿真软件 |

## 二、实操预演

步骤一：打开地图模拟仿真平台。

步骤二：通过仿真软件，创建用户自己的场景。

## ✅ | 任务实施

使用地图模拟仿真软件创建用户自己的场景。

### 一、前期准备

准备好学生实训的计算机。

### 二、实操演练

创建用户自己的场景

| 实施步骤 | 使用工具 | 图示 | 操作要点 |
|---|---|---|---|
| 1. 打开地图模拟仿真软件 | 系统版本 Windows 7 及以上 |  | 在官网使用平台注册 |
| 2. 菜单栏中选择 Apollo 开放平台—仿真平台 | |  | 将鼠标放在"Apollo 开放平台"上，出现列表，再将鼠标放在"仿真平台"上，单击鼠标，进入平台 |
| 3. 进入页面后，选择侧边栏中的仿真—编辑场景 | |  | 选择左侧菜单栏中的"仿真"，单击鼠标后，选择"编辑场景" |
| 4. 创建场景的第一步是选择右上角的地图 | |  | 选好相应场景后，单击确认 |

（续）

| 实施步骤 | 使用工具 | 图示 | 操作要点 |
|---|---|---|---|
| 5. 配置一般信息 | 系统版本 Windows 7 及以上 | 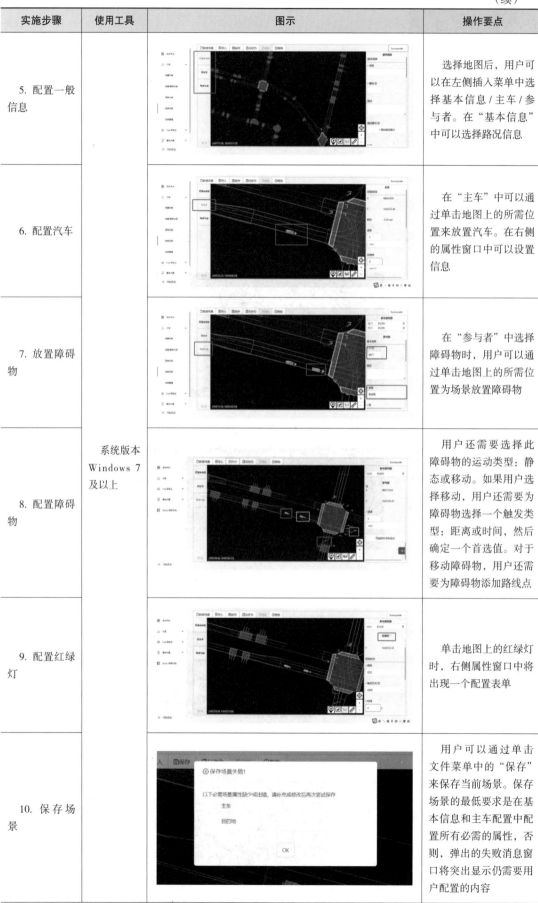 | 选择地图后，用户可以在左侧插入菜单中选择基本信息／主车／参与者。在"基本信息"中可以选择路况信息 |
| 6. 配置汽车 | | | 在"主车"中可以通过单击地图上的所需位置来放置汽车。在右侧的属性窗口中可以设置信息 |
| 7. 放置障碍物 | | | 在"参与者"中选择障碍物时，用户可以通过单击地图上的所需位置为场景放置障碍物 |
| 8. 配置障碍物 | | | 用户还需要选择此障碍物的运动类型：静态或移动。如果用户选择移动，用户还需要为障碍物选择一个触发类型：距离或时间，然后确定一个首选值。对于移动障碍物，用户还需要为障碍物添加路线点 |
| 9. 配置红绿灯 | | | 单击地图上的红绿灯时，右侧属性窗口中将出现一个配置表单 |
| 10. 保存场景 | | | 用户可以通过单击文件菜单中的"保存"来保存当前场景。保存场景的最低要求是在基本信息和主车配置中配置所有必需的属性，否则，弹出的失败消息窗口将突出显示仍需要用户配置的内容 |

（续）

| 实施步骤 | 使用工具 | 图示 | 操作要点 |
|---|---|---|---|
| 11. 新建任务 | | 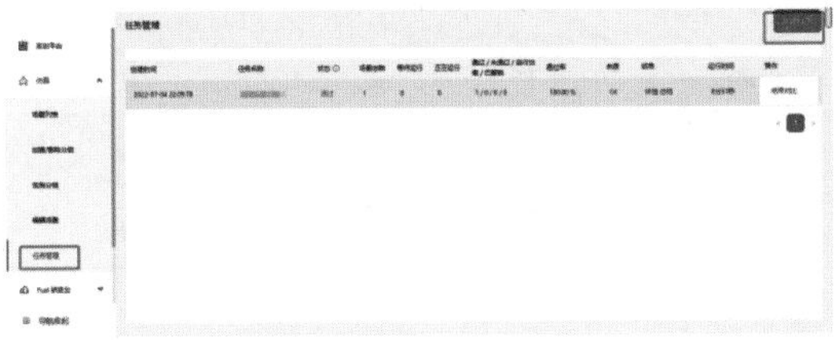 | 在仿真平台的左侧导航栏，单击"任务管理"，进入任务管理页面，单击"新建任务" |
| 12. 运行场景 | | 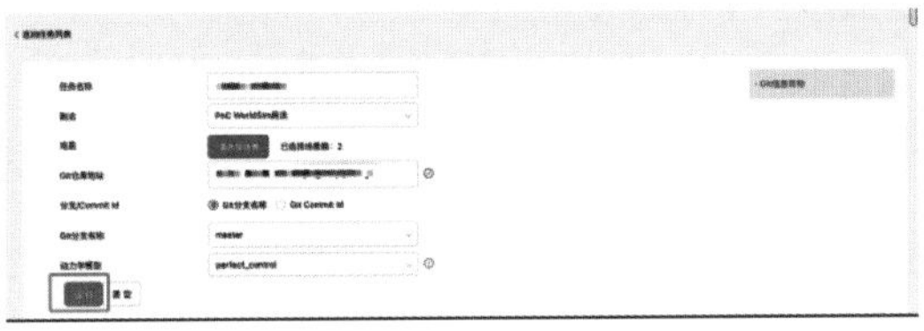 | 在任务创建页面，填写任务信息，单击"运行" |
| 13. 查看任务列表 | 系统版本 Windows 7 及以上 | 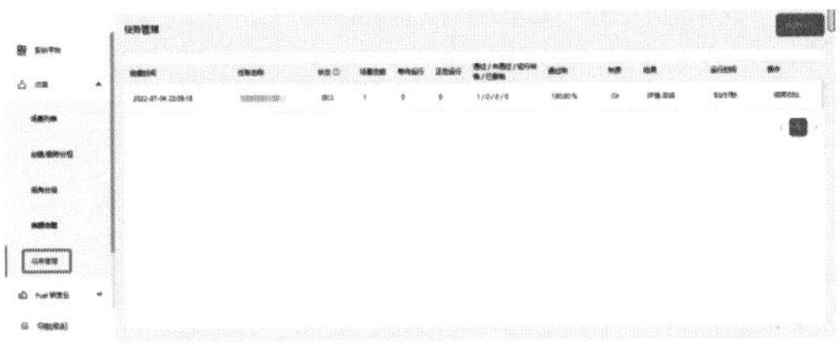 | 单击"任务管理"，进入"任务管理"页面。在这里，用户可以看到已创建的任务列表。选择想要查看的任务名称，并单击右侧的"详情" |
| 14. 查看算法模块运行结果 | | 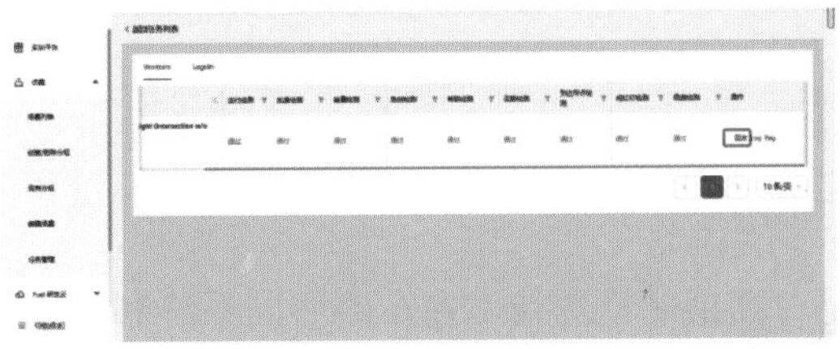 | 单击"操作"栏里的"回放"，用户可以查看该场景的 3D 动画回放 |
| | | 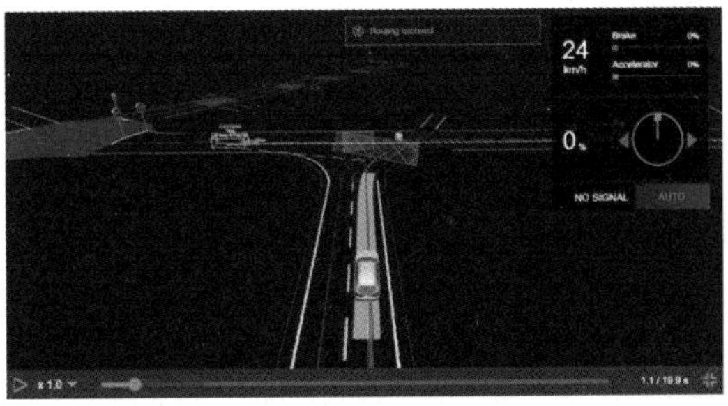 | 3D 动画回放效果展示 |

检测评价

创建用户自己的场景实操评分表

学生姓名：_____　　　学生学号：_____　　　操作用时：_____分钟

| 序号 | 作业内容 | 配分 | 作业项目 | 分值 | 扣分 | 备注 |
|---|---|---|---|---|---|---|
| 1 | Apollo 开放平台登录与使用 | 20 | □开启计算机电源，打开计算机 | 5 | | |
| | | | □打开浏览器，进入 Apollo 开放平台官网 | 5 | | |
| | | | □完成登录 | 5 | | |
| | | | □进入仿真平台 | 5 | | |
| 2 | 在仿真平台中找到场景列表并选择模拟场景进行模拟 | 20 | □正确选择各级菜单 | 5 | | |
| | | | □正确选择模拟场景 | 5 | | |
| | | | □正确运行模拟场景 | 10 | | |
| 3 | 配置相关信息 | 20 | □正确配置一般信息 | 5 | | 若未操作，现场考评员提醒并扣除对应项目分值 |
| | | | □正确配置汽车 | 5 | | |
| | | | □正确配置障碍物 | 5 | | |
| | | | □正确配置红绿灯 | 5 | | |
| 4 | 保存、运行场景，并能够查看算法模块运行结果 | 20 | □正确保存场景 | 5 | | |
| | | | □正确运行场景 | 5 | | |
| | | | □正确查看算法模块运行结果 | 10 | | |
| 5 | 关闭浏览器和计算机 | 20 | □退出 Apollo 开放平台 | 10 | | |
| | | | □关闭浏览器和计算机后拔下计算机电源插头 | 10 | | |
| 合　计 | | | | 100 | | |

考核成绩：_____　　　　　教师签字：_____

任务小结

　　本任务内容主要是对高精度地图技术在车路协同系统和自动驾驶系统中的应用以及国内外高精度地图领域的专业资深图商和初创公司进行了介绍，让读者对高精度地图的测试与应用领域有一定的了解。本任务主要内容思维导图如图 5-13 所示。

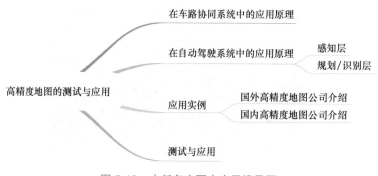

图 5-13　本任务主要内容思维导图

任务工单

学生姓名：_____　　　组别：_____　　　实训日期：_____

**一、任务描述**

作为一名高精度地图工程师，在车路协同系统和自动驾驶系统中应用高精度地图技术前，需要理解高精度地图系统并能应用平台设计场景的相关功能，你能完成此任务吗？

**二、任务准备**

1. 实训准备

1）百度 Apollo 开放平台使用申请实训：多媒体实训室一间；计算机 50 台；每台计算机事先安装浏览器。

2）利用 Apollo 开放平台模拟高精度地图实训：多媒体实训室一间；计算机 50 台；每台计算机事先安装浏览器。

2. 知识准备

1）填空题。

① 自动驾驶系统可相应归纳为_____、_____、_____三个阶段。

② 在自动驾驶系统中的高精度地图主要被应用在_____层和_____层。

2）简答题。

① 请描述高精度地图在车路协同系统中的应用原理。



② 请描述高精度地图在自动驾驶系统中的应用原理。



**三、任务要求**

使用地图模拟仿真平台，模拟高精度地图使用场景。

**四、任务实施**

1）登录百度 Apollo 开放平台进行实训，将实训步骤写在下面：

_____

_____

_____

_____

2）完成利用 Apollo 开放平台模拟高精度地图应用场景设计的实训，将实训步骤写在下面：

_____

_____

_____

_____

_____

## 五、任务总结

请你总结此次任务中有哪些收获？有哪些地方需要进行自我改进？

1）主要收获：_____

_____

2）自我改进：_____

_____

## 六、任务评价

| 评分项目 | 知识能力<br>（25分） | 实践能力<br>（25分） | 职业素养<br>（25分） | 工作规范 6S<br>（25分） | 总评 |
|---|---|---|---|---|---|
| 自我评定 | | | | | |
| 小组评定 | | | | | |
| 教师评定 | | | | | |
| 合计得分 | | | | | |

参考文献
References

［1］张毅，姚亚丹.基于车路协同的智能交通系统体系框架［M］.北京：电子工业出版社，2015.

［2］崔胜民，卞合善.智能网联汽车技术及仿真实例［M］.北京：人民邮电出版社，2020.

［3］王庞伟，王力，余贵珍.智能网联汽车协同控制技术［M］.2版.北京：机械工业出版社，2019.

［4］上官伟，柴琳果，蔡伯根.智能车路协同系统仿真理论与关键技术［M］.北京：科学出版社，2021.